Mathematik 2

Herausgegeben von
Doris Mosel-Göbel und Martin Stein

Erarbeitet von
Heidrun Grottke, Gabriele Hinze, Brigitte Hölzel,
Anette König, Gisela Schobbe und Eveline Stadler

Diesterweg

Inhalt

Seite	Thema	Inhalt
4 – 11	**Im neuen Schuljahr**	Wiederholung: - Addition und Subtraktion im Zahlenraum bis 20 - Zehnerzahlen bis 100
12 – 21	**Hundert und mehr Radrennfahrer**	Erweiterung des Zahlenraums bis 100
22 – 31	**Plus und Minus bis 100**	Addition und Subtraktion im Zahlenraum bis 100: - von Zehnerzahlen - mit einstelligen Zahlen ohne und mit Zehnerübergang Umgang und Rechnen mit Geldbeträgen
32 – 33	**Sachrechnen mit Leonardo**	Umgang mit Texten Elementare Wahrscheinlichkeit Sachaufgaben mit Geldbeträgen
34 – 39	**Formen und Figuren**	Geometrische Formen: Kreis, Dreieck, Rechteck und Quadrat
40 – 41	**Fit mit Leonardo**	Orientierung im Zahlenraum bis 100 Automatisierende und operative Übungen zur Addition und Subtraktion
42 – 49	**Verpackungen**	Einführung der Multiplikation - räumlich-simultaner Aspekt - zeitlich-sukzessiver Aspekt
50 – 55	**Auf der Suche nach den 100 Malaufgaben**	Entdecken von Strategien zum Auffinden und Lösen weiterer Malaufgaben
56 – 57	**Einmaleins der 10 und 5**	Kernaufgaben, Nachbaraufgaben, Zusammenhänge
58 – 65	**Das Jahr und der Kalender**	Jahreskreis: Monate, Wochen, Tage Kalender und Datum Zeitpunkte und Zeitdauern Vorbereitung des Einmaleins der 7
66 – 67	**Einmaleins der 2 und 4**	Kernaufgaben, Nachbaraufgaben, Zusammenhänge, Sachaufgaben
68 – 75	**Grußkarten**	Spiegelsymmetrie Bandornamente Parkettierungen
76 – 77	**Einmaleins der 3 und 6**	Kernaufgaben, Nachbaraufgaben, Zusammenhänge, Sachaufgaben
78 – 85	**Weiter mit Plus und Minus**	Addition und Subtraktion im Zahlenraum bis 100 von zweistelligen Zahlen ohne und mit Zehnerübergang Halbschriftliche Verfahren
86 – 87	**Einmaleins der 8 Einmaleins der 2, 4 und 8**	Kernaufgaben, Nachbaraufgaben, Zusammenhänge, Sachaufgaben
88 – 95	**Der menschliche Körper**	Umgang mit Längen: Körpermaße, Meter und Zentimeter Rechnen mit Längen
96 – 97	**Einmaleins der 7 und 9**	Kernaufgaben, Nachbaraufgaben, Zusammenhänge, Sachaufgaben
98 – 105	**Ferien auf dem Bauernhof**	Division ohne und mit Rest Aufteilen und Verteilen Teilbarkeitsregeln

Inhalt

Seite	Thema	Inhalt
106 – 113	Alles kostet Geld	Umgang und Rechnen mit Geldbeträgen bis 100 € Proportionale Zusammenhänge
114 – 115	Fit mit Leonardo	Automatisierende und operative Übungen zur Multiplikation und Division Vertiefung der vier Rechenarten
116 – 121	Bauen und Denken	Geometrische Körper: Würfel, Quader, Kugel Ecken, Kanten und Flächen Würfelbauwerke, Baupläne
122 – 129	Umgang mit Zeit	Zeitpunkte auf die Minute genau Umgang und Rechnen mit Zeitdauern
130 – 131	Sachrechnen mit Leonardo	Sachaufgaben zur Multiplikation und Division Sachaufgaben zu Zeitpunkten und Zeitdauern
132 – 137	Im Zoo	Lagebeziehungen Planquadrate Wege
138 – 139	Fit mit Leonardo	Automatisierende und operative Übungen zu allen vier Rechenarten im Zahlenraum bis 100
140 – 144	Anhang	Inhaltsübersicht im Detail, Impressum

Hinweise zum Aufbau und der Arbeit mit Leonardo

Leonardo ist in **15 themenorientierte Kapitel** unterteilt. Zusätzlich gibt es **Sonderseiten**. Die Vignetten und Kapitelüberschriften erleichtern die Orientierung. Am unteren Rand jeder Seite finden sich Hinweise für die Bearbeitung. Eine Leonardofigur und zehn Kinderfiguren (siehe Umschlag hinten) begleiten durch das Buch.

Kapitelaufbau

	Einstiegsdoppelseite	Jedes **Kapitel** beginnt mit einer **Einstiegsdoppelseite**, die zum Diskutieren und Entdecken herausfordert. Hier können die Kinder ihre Vorkenntnisse einbringen, Zusammenhänge erkennen sowie eigene Rechenwege finden und vergleichen.
	Informationskasten	Die **Informationskästen** auf den nachfolgenden **Übungsseiten** können zum Nachschlagen der wichtigsten Begriffe und Verfahren genutzt werden.
2	**Blaue Aufgabe**	Aufgaben, die über das Arbeiten im Buch hinausgehen, sind **blau** gekennzeichnet. Sie vertiefen das Verständnis der Inhalte und regen zu weiterführenden Überlegungen an.
	Abschlussseite	Auf der gelb unterlegten **Abschlussseite** eines Kapitels werden die wesentlichen Inhalte auf mittlerem Anspruchsniveau wiederholt. Die Seite weist auf den Lernstand der Kinder hin.

Sonderseiten

	Fit mit Leonardo	Auf den **blau** unterlegten Seiten „Fit mit Leonardo" werden vor allem die arithmetischen Inhalte der vorangegangenen Kapitel vertiefend geübt.
	Sachrechnen mit Leonardo	Die **grün** unterlegten Seiten sollten nach Bedarf eingesetzt werden. „Sachrechnen mit Leonardo" bietet Hilfen zur mathematischen Deutung von Sachsituationen und zum Umgang mit Daten und Texten. Dieser Lehrgang wird über alle Schuljahre fortgeführt.
	Einmaleins	Auf den **rot** unterlegten Seiten werden die einzelnen **Einmaleinsreihen** eingeführt und geübt.

Im neuen Schuljahr

Klasse	Kinder
1a	27
1b	26
1c	28

Klasse	Mädchen	Jungen	zusammen
2a	11	12	23
2b	11	11	22
2c	13	11	24
2d	12	10	22

1 Lies die Tabellen. Beantworte die Fragen.

a) In welcher ersten Klasse sind die meisten Kinder?
b) In welcher zweiten Klasse sind die meisten Mädchen?
c) In welcher zweiten Klasse sind die wenigsten Jungen?
d) Stelle weitere Fragen.

2 Mache eine Tabelle für deine Klasse.

3 Zähle in deiner Umgebung.

Tabellen lesen, Anzahlen vergleichen; Anzahlen in der eigenen Schule erfragen.

Im neuen Schuljahr

Plus und Minus

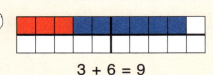
3 + 6 = 9

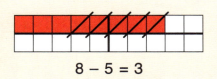
8 − 5 = 3

Ich kann schon viel!

1 Schreibe in dein Heft. Rechne.

a) 2 + 5 = 7   b) 16 + 2 =   c) 8 − 6 =   d) 14 − 2 =
   1 + 7 =   12 + 7 =   9 − 9 =   17 − 6 =
   3 + 5 =   15 + 4 =   7 − 5 =   19 − 5 =

2 Schreibe in dein Heft. Rechne. Wie geht es weiter?

a) 4 + 5   b) 10 + 10   c) 10 − 4   d) 20 − 10
   5 + 4   10 + 8   9 − 3   20 − 8
   6 + 3   10 + 6   8 − 2   20 − 6
   7 + 2   10 + 4   7 − 1   20 − 4

Tauschaufgaben

2 + 3 = 5
3 + 2 = 5

3 + 2 =
2 + 3 =

3 Rechne Tauschaufgaben. Schreibe in dein Heft.

a) 9 + 0   b) 6 + 1   c) 15 + 3   d) 14 + 6
   0 + 9   1 + 6   3 + 15   6 + 14

4 Schreibe in dein Heft. Rechne. Finde die Tauschaufgabe.

a) 6 + 11   b) 0 + 8   c) 1 + 3   d) 11 + 7

5 Schreibe in dein Heft. Rechne. Wie geht es weiter?

a) 0 + ___ = 10   b) ___ + 6 = 10   c) 9 − ___ = 8   d) ___ − 0 = 8
   1 + ___ = 9   ___ + 5 = 10   9 − ___ = 6   ___ − 1 = 6
   2 + ___ = 8   ___ + 4 = 10   9 − ___ = 4   ___ − 2 = 4

6 Schreibe eigene Plus- und Minusaufgaben in dein Heft.

Additions- und Subtraktionsaufgaben rechnen. Operative Zusammenhänge erkennen und nutzen.

Im neuen Schuljahr

Weiter mit Plus und Minus

Ähnliche Aufgaben

4 + 2 = 6   7 − 5 = 2
14 + 2 = 16   17 − 5 = 12

1 Rechne ähnliche Plusaufgaben. Schreibe in dein Heft.

a) 2 + 3 b) 6 + 2 c) 5 + 1 d) 14 + 5 e) 13 + 7
   12 + 3   16 + 2   15 + 1   4 + 5   3 + 7

2 Rechne ähnliche Minusaufgaben. Schreibe in dein Heft.

a) 10 − 2 b) 9 − 7 c) 8 − 4 d) 16 − 6 e) 17 − 3
   20 − 2   19 − 7   18 − 4   6 − 6   7 − 3

Umkehraufgaben

5 + 3 = 8   13 + 6 = 19
8 − 3 = 5   19 − 6 = 13

3 Rechne Umkehraufgaben. Schreibe in dein Heft.

a) 4 + 4 b) 3 + 6 c) 8 + 2 d) 16 − 3 e) 20 − 9
   8 − 4   9 − 6   10 − 2   13 + 3   11 + 9

4 Schreibe in dein Heft. Rechne. Finde die Umkehraufgabe.

a) 7 + 2 b) 4 − 3 c) 15 + 5 d) 19 − 7 e) 14 − 4

5 Finde Plus- und Minusaufgaben.

| 3 | 5 | 8 |

5 + 3 = 8
3 + 5 = 8
8 − 3 = 5
8 − 5 = 3

a) | 2 | 5 | 7 |

b) | 19 | 10 | 9 |

c) | 4 | 0 | 4 |

d) | 15 | 8 | 7 |

Analogieaufgaben und Umkehraufgaben rechnen. Aus vorgegebenen Zahlen Additions- und Subtraktionsaufgaben bilden.

Im neuen Schuljahr

Zuerst bis 10, dann weiter

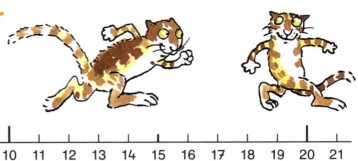

```
|   |   |   |   |   |   |   |   |   |   |    |    |    |    |    |    |    |    |    |    |    |
 0   1   2   3   4   5   6   7   8   9   10   11   12   13   14   15   16   17   18   19   20   21
```

1 Schreibe in dein Heft. Rechne.

a) 5 + 5
   5 + 6
   6 + 6

b) 7 + 3
   7 + 5
   8 + 5

c) 4 + 6
   4 + 7
   8 + 4

d) 13 − 3
   13 − 4
   13 − 5

e) 17 − 7
   17 − 8
   18 − 9

2 Zeige am Zahlenstrahl. Schreibe in dein Heft. Rechne.

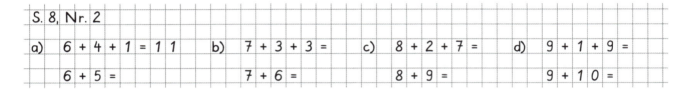

S. 8, Nr. 2

a) 6 + 4 + 1 = 11
   6 + 5 =

b) 7 + 3 + 3 =
   7 + 6 =

c) 8 + 2 + 7 =
   8 + 9 =

d) 9 + 1 + 9 =
   9 + 10 =

3 Zeige am Zahlenstrahl. Schreibe in dein Heft. Rechne.

a) 5 + 7
   5 + 5 + 2

b) 6 + 5
   6 + __ + __

c) 7 + 8
   7 + __ + __

d) 9 + 7
   9 + __ + __

4 Zeige am Zahlenstrahl. Schreibe in dein Heft. Rechne.

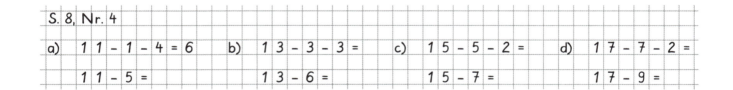

S. 8, Nr. 4

a) 11 − 1 − 4 = 6
   11 − 5 =

b) 13 − 3 − 3 =
   13 − 6 =

c) 15 − 5 − 2 =
   15 − 7 =

d) 17 − 7 − 2 =
   17 − 9 =

5 Zeige am Zahlenstrahl. Schreibe in dein Heft. Rechne.

a) 12 − 5
   12 − 2 − 3

b) 14 − 8
   14 − __ − __

c) 13 − 7
   13 − __ − __

d) 16 − 9
   16 − __ − __

6 Schreibe in dein Heft. Rechne.

a) 8 + 2
   8 + 4
   6 + 8

b) 1 + 9
   3 + 9
   9 + 5

c) 5 + 5
   5 + 7
   7 + 7

d) 12 − 2
   12 − 4
   12 − 6

e) 14 − 4
   15 − 6
   16 − 8

Aufgaben am Zahlenstrahl (Kopiervorlage) veranschaulichen. Operative Zusammenhänge erkennen und nutzen.

Im neuen Schuljahr

Sprünge auf dem Zahlenstrahl

1 Hüpfe vor oder zurück. Schreibe die Zahlenfolgen in dein Heft.

a) 5, 7, 9, ..., 21   b) 21, 18, 15, ..., 0
c) 5, 9, 13, ..., 21   d) 21, 16, ..., 1

S. 9, Nr. 1
a) 5 7 9 11

2 Finde die Zielzahlen. Schreibe in dein Heft.

a) +3

Start	Ziel
6	
8	
10	

b) −2

Start	Ziel
19	
15	
12	

c) +4

Start	Ziel
4	
6	
8	

S. 9, Nr. 2
a) +3
6   9
8   11

3 Finde die Startzahlen. Schreibe in dein Heft.

a) +5

Start	Ziel
	5
	8
	11

b) +2

Start	Ziel
	3
	13
	18

c) −3

Start	Ziel
	17
	13
	11

d) −4

Start	Ziel
	17
	14
	11

4 Finde die fehlenden Zahlen. Schreibe in dein Heft.

a) +2

Start	Ziel
9	
	13
14	

b) +3

Start	Ziel
	12
13	
	19

c) −2

Start	Ziel
20	
	10
5	

d) −3

Start	Ziel
	15
10	
	5

5 Schreibe eigene Tabellen.

6 Finde die Regel. Setze fort. Schreibe auf.

a) 0, 2, 4, 6, ...   b) 4, 7, 10, 13, ...
c) 21, 19, 17, ...   d) 20, 18, 16, ...
e) 5, 8, 11, ...   f) 18, 15, 12, ...

S. 9, Nr. 6
a) Regel +2 : 0 2 4

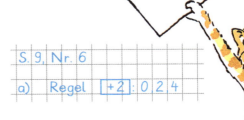

Aufgaben am Zahlenstrahl (Kopiervorlage) nachvollziehen.

Im neuen Schuljahr

Sachaufgaben und Muster

1 Schreibe die Hausnummern in dein Heft. Schreibe zuerst die geraden, dann die ungeraden. Wie weit kommst du?

2 Schreibe Aufgaben. Stelle Fragen. Finde Antworten.

a) Von den zwölf Jungen der Klasse 2a tragen drei eine Brille.
b) Von den elf Mädchen tragen zwei eine Brille.
c) Sechs Mädchen und sieben Jungen sind im Sportverein.

3 Male die Muster in dein Heft.

a) Schreibe Aufgaben. Rechne.
b) Setze ein Muster fort.

1 + 3 + 5 + 7

4 Finde eigene Muster.

5 Schreibe in dein Heft. Setze <, > oder = ein.

a) 7 9
   5 0
b) 12 15
   20 18
c) 5 13
   14 17
d) 21 13
   16 16
e) 18 8
   10 20

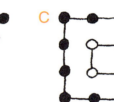

6 Schreibe Aufgaben zu den Schachteln. Rechne. Schreibe so: a) 2 + 4 + 3 + 0 =

a)  b)  c)  d)

7 Lege nach. Schreibe Aufgaben.

a) In der Schachtel von Elena sind 12 Plättchen. Sara hat vier Plättchen mehr in ihrer Schachtel.
b) Tim legt 15 Plättchen in seine Schachtel. Amal legt sechs Plättchen weniger in ihre Schachtel.
c) Jonas hat acht Plättchen. Er legt in jedes Fach gleich viele Plättchen.

Über gerade und ungerade Zahlen als Anordnung von Hausnummern sprechen. Zahlenfolgen als Muster darstellen. Aufgaben nachspielen.

Im neuen Schuljahr

Große Zahlen

1 Immer 10 sind zusammen. Wie viele sind es?
Schreibe die Anzahlen in dein Heft.

a)  b) 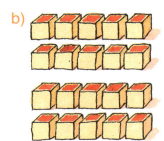 c) 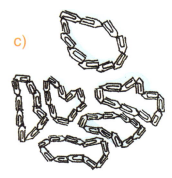 d)

2 Zähle in Zehnerschritten vorwärts.

a) Beginne bei 0: 0, 10, 20, ... b) Beginne bei 50.
c) Beginne bei einer anderen Zahl.

3 Zähle in Zehnerschritten rückwärts.

a) Beginne bei 100: 100, 90, 80, ... b) Beginne bei 70.
c) Beginne bei einer anderen Zahl.

4 Wie viele sind es? Schätze.

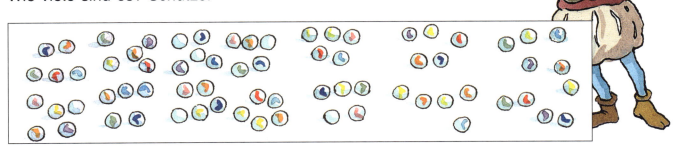

5 Vergleiche. Was fällt dir auf?

100 Erbsen   100 Murmeln   100 Reiskörner   100 Blatt Papier

6 Finde andere Beispiele für 100.

Bündelungen mit verschiedenen Materialien durchführen; Vorteil der Zehnerbündelung im Vergleich zu anderen Bündelungen besprechen. Materialien gleicher Anzahl vergleichen.

Hundert und mehr Radrennfahrer

Hundert und mehr Radrennfahrer

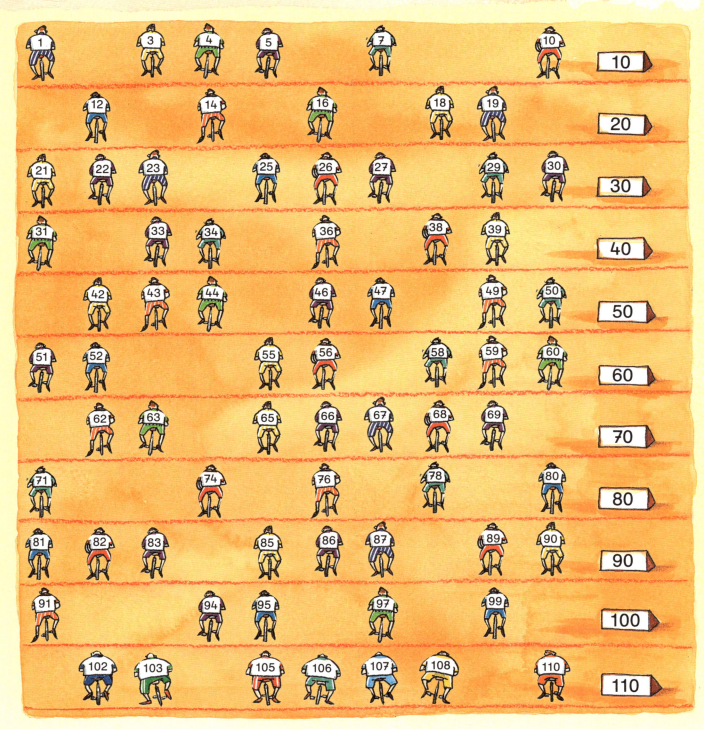

1. Wie haben sich die Radfahrer aufgestellt?
2. Wohin müssen die Radfahrer, die von links dazukommen? Zeige.
3. Welche drei Radfahrer fehlen?

Über die Anordnung der Radfahrer sprechen; Positionen der Radfahrer bestimmen, fehlende Radfahrer finden.

Hundert und mehr Radrennfahrer

Große Zahlen

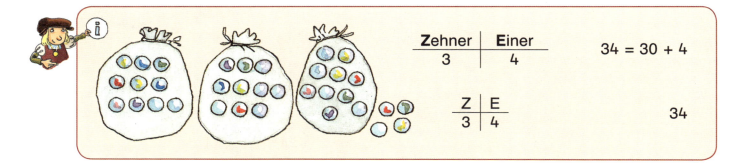

1 Immer 10 sind zusammen. Wie viele sind es? Schreibe die Anzahl in dein Heft.

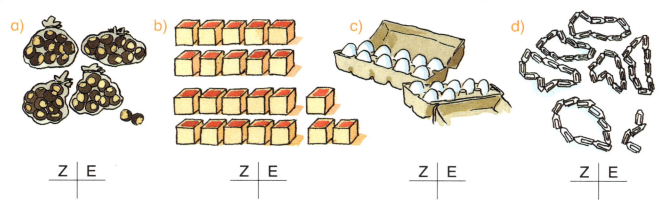

a)   b)   c)   d)

Z | E

2 Lege nach. Schreibe die Zahl und die Aufgabe.

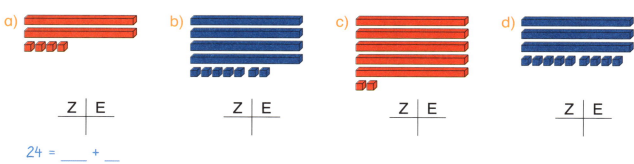

a)   b)   c)   d)

Z | E

24 = ___ + ___

3 Rechne.

a) 23 = 20 + ___
31 = ___ + ___
44 = ___ + ___
81 = ___ + ___

b) 96 = ___ + ___
64 = ___ + ___
75 = ___ + ___
57 = ___ + ___

4 Rechne.

a) 40 + 5
70 + 8
80 + 4
90 + 1

b) 50 + 3
20 + 9
60 + 7
30 + 6

5 Lege. Setze fort.

a) 14, 24, 34, 44, 54, ...
b) 82, 72, 62, 52, 42, ...
c) 31, 36, 41, 46, 51, ...
d) 53, 51, 49, 47, 45, ...
e) 98, 88, 87, 77, 76, ...
f) 23, 24, 34, 35, 45, ...

Bündelungsaktionen mit verschiedenen Materialien und Tausch von zehn Einzelnen zu einem Zehner aktiv durchführen.
Zerlegungsgleichungen in Zehnerzahlen und Einerzahlen am Material verdeutlichen.

Hundert und mehr Radrennfahrer

Zahlen lesen und schreiben

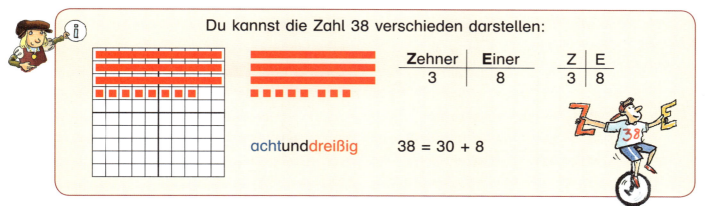

1 Lege nach. Schreibe die Zahl.

a) 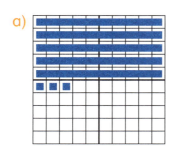   b) 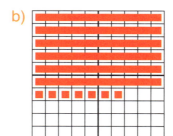   c)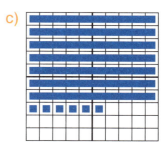

2 Lege nach. Schreibe die Zahl.

a)    b)    c)    d)

3 Male.

a) 31, 20, 15, 27 b) 13, 34, 46, 29
c) 25, 58, 5, 40   d) 17, 54, 30, 62

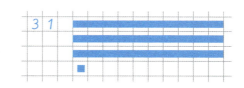

4 Schreibe mit Ziffern.

a) dreizehn
   zweiunddreißig
   einundfünfzig
   vierundsiebzig

b) zweiundzwanzig
   neunzig
   fünfundsechzig
   siebenundachtzig

c) siebzig
   vierundachtzig
   achtundvierzig
   fünfundfünfzig

5 Lege. Was fällt dir auf?

Z	E		Z	E		Z	E		Z	E		Z	E		Z	E		Z	E		Z	E
2	6		3	6		3	7		4	7		4	8		5	8		5	9		6	9

Verschiedene Darstellungen einer Zahl vergleichen.

Hundert und mehr Radrennfahrer

Die Hundertertafel

1	2	3	4	5	6	7	8	9	10
11	12	13	14	15	16	17	18	19	20
21	22	23	24	25	26	27	28	29	30
31	32	33	34	35	36	37	38	39	40
41	42	43	44	45	46	47	48	49	50
51	52	53	54	55	56	57	58	59	60
61	62	63	64	65	66	67	68	69	70
71	72	73	74	75	76	77	78	79	80
81	82	83	84	85	86	87	88	89	90
91	92	93	94	95	96	97	98	99	100

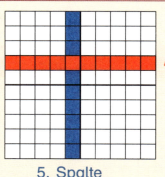

4. Zeile

5. Spalte

Zahl 35: 4. Zeile, 5. Spalte

1 Zeige die Zahlen an der Hundertertafel.

a) 1, 10, 21, 100 b) 67, 76, 19, 91 c) 17, 71, 80, 18 d) 54, 45, 36, 63

2 Untersuche die Hundertertafel.

a) Wie viele Zeilen gibt es? b) Wie viele Spalten gibt es?
c) Wie viele Zahlen stehen in einer Zeile? d) Wie viele Zahlen stehen in einer Spalte?

3 Wie heißen die Zahlen? Schreibe so: a) 21, 22, 23, ...

a) in der 3. Zeile b) in der 5. Zeile c) in der 8. Zeile d) in der 10. Zeile
e) in der 1. Spalte f) in der 4. Spalte g) in der 7. Spalte h) in der 9. Spalte

4 Zeige alle Zahlen mit zwei gleichen Ziffern.

5 Zeige an der Hundertertafel. Schreibe auf.

a) 1, 2, 3, ..., 10 b) 31, 32, 33, ..., 40 c) 4, 14, 24, ..., 94
d) 100, 90, 80, ..., 10 e) 90, 89, 88, ..., 81 f) 10, 19, 28, ..., 91

6 a) Wie oft entdeckst du die Ziffer 5?
b) Welche Ziffer kommt am häufigsten vor?

7 Wie heißt die Zahl?

a) Meine Zahl liegt zwischen 68 und 70.

b) Meine Zahl findest du genau unter der 46.

c) Meine Zahl ist Nachbar von 54 und 56.

Begriffe Zeile und Spalte bei Tabellen anwenden. Übungen an einer ausgefüllten und einer leeren Hundertertafel (Buchbeilage) nachvollziehen. Untersuchungen an der Hundertertafel bei Zahlenrätseln fortführen.

Hundert und mehr Radrennfahrer

Zahlen suchen und schreiben

1 Wie heißen die Zahlen? Schreibe auf.

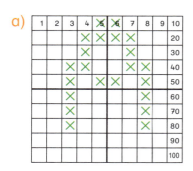
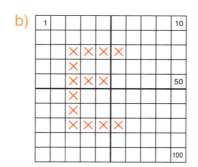

2 Ausschnitte aus der Hundertertafel. Wie heißen die Umgebungszahlen?

22	23	24
32	33	34
42	43	44

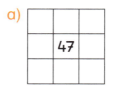 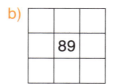 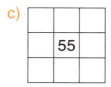

3 Ausschnitte aus der Hundertertafel. Welche Zahlen fehlen? Schreibe auf.

  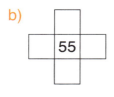 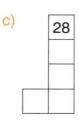

4 Zerschneide eine Hundertertafel und lege sie wieder zusammen.

5 Sprünge auf der Hundertertafel.
Zeichne für jeden Sprung einen Pfeil.
Wo landest du? Schreibe so: 53 → 54, 53 ↓ 63, 53 ↗ 44

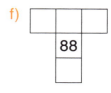

a) 36 ↓ ___
b) 36 ← ___
c) 36 ↖ ___
d) 36 ↑ → ___
e) 36 ↑ ↙ ___
f) 36 ← ↘ ___
g) 36 → → ↑ ↑ ___
h) 36 ↙ ↙ ↑ → ___
i) 36 ← ↓ → ↑ ___

6 Starte immer bei 45. Wo landest du? Schreibe auf.

a) 45 → → → ___
b) 45 ↓ ↓ ↓ ___
c) 45 ↗ ↗ ↗ ___
d) 45 ↙ ↙ ↓ ___
e) 45 ← ↘ ← ↘ ___
f) 45 ↙ → ↓ ↓ ___

7 Starte bei 46. Zeichne immer drei Pfeile. Welche Zahlen kannst du erreichen? Markiere sie in einer Hundertertafel.

Orientierungsübungen an der Hundertertafel (Buchbeilage oder Kopiervorlage) durchführen. Sprünge auf der Hundertertafel erst konkret, dann gedanklich durchführen.

Hundert und mehr Radrennfahrer

Zahlen und ihre Nachbarn

1 Schreibe die Zahlenreihen in dein Heft.

S. 18, Nr. 1
a) 1 2, 1 3, 1 4,

a) 12 __ __ __ 17 __
b) 46 __ __ __ __ 51
c) 21 __ __ 25 __ __
d) __ __ 68 __ 70 __
e) 33 __ __ __ __ 39
f) __ 76 __ __ 80 __

2 Gib die Nachbarzahlen an.

a) _16_, 17, _18_   b) ___, 64, ___   c) ___, 1, ___   d) ___, 50, ___
___, 21, ___   ___, 68, ___   ___, 43, ___   ___, 69, ___
___, 25, ___   ___, 72, ___   ___, 47, ___   ___, 80, ___

3 Schreibe die Zahlenreihen in dein Heft.

a) 46, ..., 52   b) 55, ..., 61   c) 78, ..., 83
d) 37, ..., 43   e) 83, ..., 89   f) 69, ..., 75

4 Schreibe mit Ziffern.

a) siebzehn, achtzehn, neunzehn, zwanzig, einundzwanzig, zweiundzwanzig
b) dreiunddreißig, fünfunddreißig, siebenunddreißig, neununddreißig, einundvierzig
c) siebenundsechzig, siebzig, dreiundsiebzig, sechsundsiebzig, neunundsiebzig
d) hundert, neunundneunzig, achtundneunzig, siebenundneunzig, sechsundneunzig

5 Ordne der Größe nach. Beginne mit der kleinsten Zahl.

a) 36, 41, 63, 37, 46, 53   b) 38, 40, 37, 35, 53, 34
c) 55, 65, 57, 45, 54, 56   d) 67, 76, 78, 37, 68, 73
e) 79, 96, 81, 97, 89, 86   f) 84, 48, 88, 68, 86, 64

Schreibe die Zahlen auf Karten und verschiebe.

18 Begriffe Vorgänger und Nachfolger thematisieren. Zahlen auf Kärtchen schreiben und der Größe nach ordnen.

Hundert und mehr Radrennfahrer

| 57 | 58 | 59 | 60 | 61 | 62 | 63 | 64 | 65 | 66 | 67 | 68 | 69 | 70 | 71 | 72 | 73 | 74 | 75 | 76 | 77 | 78 | 79 | 80 | 81 | 82 |

6 Vergleiche. Setze <, > oder = ein. Schreibe so: 10 < 20

a) 10   20   b) 59   60   c) 0   12   d) 38   48
    30   20   61   60   45   31   68   48
    40   40   60   60   45   54   50   48
    60   80   63   60   54   54   44   48
    71   70   58   60   49   40   84   48

7 Gib die Nachbarzehner an.

a) <u>10</u>, 17, <u>20</u>   b) ___, 24, ___   c) ___, 49, ___   d) ___, 50, ___
    ___, 31, ___   ___, 58, ___   ___, 63, ___   ___, 70, ___
    ___, 45, ___   ___, 72, ___   ___, 87, ___   ___, 30, ___
    ___, 51, ___   ___, 86, ___   ___, 91, ___   ___, 99, ___

8 Wie heißt die Zahl?

a) Meine Zahl liegt zwischen 87 und 89.

b) Meine Zahl hat die Einerziffer 3. Die Nachbarzehner sind 40 und 50.

c) Meine Zahl ist der Nachfolger von 54.

d) Meine Zahl ist der Vorgänger von 50.

9 Finde die Regel. Setze fort und schreibe auf.

a) 2, 4, 6, ..., 18   b) 4, 14, 24, ..., 84
c) 1, 12, 23, ..., 100   d) 27, 30, 33, ..., 51
e) 93, 83, 73, ..., 13   f) 100, 96, 92, ..., 68

S. 19, Nr. 9
a) Regel +2: 2, 4, 6, 8,

Zahlen vergleichen. Nachbarzehner finden. Zahlenrätsel lösen. Zahlenfolgen am Hunderterband veranschaulichen, Regel finden, Zahlenfolgen fortsetzen.

Hundert und mehr Radrennfahrer

Der Reihe nach

1 Welche Zahlen gehören zu den Buchstaben? Schreibe so: A: 7, B: ...

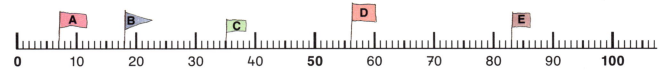

2 Welche Zahlen gehören zu den Buchstaben? Schreibe so: A: 8, B: ...

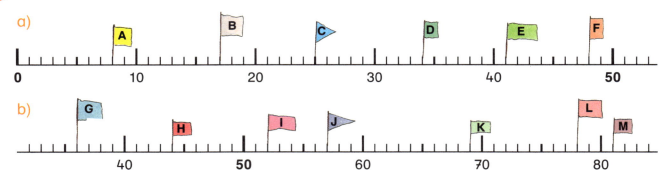

3 Welche Zahlen gehören zu den Buchstaben? Schreibe auf.

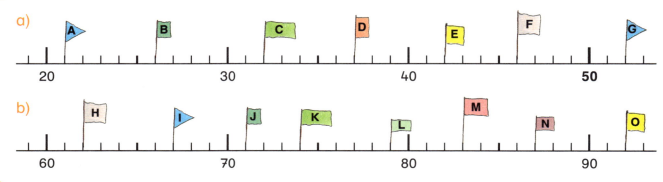

4 Ordne der Größe nach. Beginne mit der kleinsten Zahl.

a) 38, 43, 68, 37, 48, 35   b) 49, 51, 38, 45, 54, 36   c) 56, 65, 76, 57, 74, 67

5 Zeige am Zahlenstrahl. Was fällt dir auf?

a) 34 + 6   b) 52 + 8   c) 30 + 10   d) 65 + 5   e) 96 + 4
   34 − 4   52 − 2   30 − 10   65 − 5   96 − 6

6 Welche Zahlen kannst du aus den Teilen zusammensetzen?
Schreibe so: zweiunddreißig: 32, zweiundfünfzig: ...

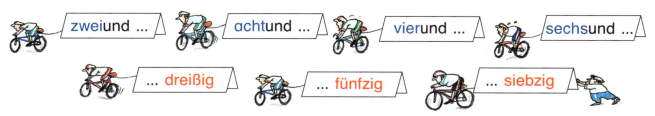

Orientierungsübungen am Zahlenstrahl. Zahlen der Größe nach ordnen. Aufbau der Zahlwörter besprechen.

Hundert und mehr Radrennfahrer

Gewinner und Verlierer

1 Schreibe die Startnummern der Gewinner des Zeitfahrens auf.

a)    b)    c)

2 Diese Fahrer sind nicht ins Ziel gekommen. Schreibe die Startnummern mit Ziffern.

a) acht*zehn*
vier*und*dreißig
sechs*und*achtzig

b) acht*und*sechzig
sieben*und*fünfzig
fünf*und*siebzig

3 Die besten Fahrer der Bergstrecke sind angekreuzt.
Schreibe die Startnummern auf.

 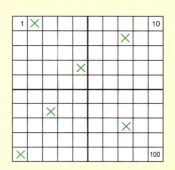

4 Für diese Startnummern gibt es Sonderpreise:

a) Dritte Reihe, neunter Startplatz.

b) Vierte Reihe. Die letzte Ziffer der Nummer ist eine Null.

c) Achte Reihe, siebter Startplatz.

d) Sechste Reihe. Die Nummer hat zwei gleiche Ziffern.

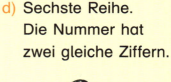

5 Für die Gewinner der Prämienrunde sind Fahnen gesteckt. Schreibe auf.

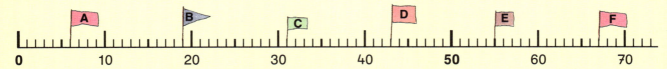

6 Die Startnummern müssen geordnet werden. Beginne mit der größten Zahl.

Alle wesentlichen Aspekte des Kapitels auf mittlerem Schwierigkeitsniveau wiederholen.
Die Seite kann zur Lernstandsanzeige genutzt werden.

Plus und Minus bis 100

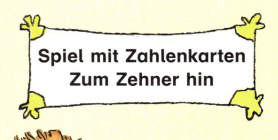

**Spiel mit Zahlenkarten
Zum Zehner hin**

Drei fehlen bis 70.

Richtig! Du bekommst die 67.

Vier gewinnt

Ihr braucht:
1 Hundertertafel
1 Zehnerwürfel
für jedes Kind 10 Plättchen in einer Farbe

Spielregeln:
1. Würfelt abwechselnd.
2. Wähle eine Zehnerzahl.
3. Ziehe die gewürfelte Zahl von der Zehnerzahl ab.
4. Lege ein Plättchen auf die Ergebniszahl.
5. Gewonnen hat, wer zuerst vier Plättchen in einer Reihe oder Spalte hat.

Vier gewinnt

1	2	3	4	5	6	7	8	9	10
11	12	13	14	15	16	17	18	19	20
21	22	23	24	25	●	27	28	29	30
31	32	33	34	35	36	37	38	39	40
41	42	43	44	45	46	47	48	49	50
51	52	53	54	55	56	57	58	59	60
61	62	63	64	65	66	67	68	69	70
71	72	73	74	75	76	77	78	79	80
81	82	83	84	85	86	87	88	89	90
91	92	93	94	95	96	97	98	99	100

4

Beispiel:
Sara würfelt 4.
Sie wählt als Zehnerzahl die 30.
Sie subtrahiert: 30 − 4 = 26
Sara legt ein Plättchen auf die 26.

Spiele zur Addition und Subtraktion bis 100 konkret durchführen, Zahlenkarten und Hundertertafel (Kopiervorlagen) verwenden. Variante zum Spiel mit Zahlenkarten: Zum Zehner zurück.

Plus und Minus bis 100

Hunderterspiel

Ihr braucht:
für jedes Kind 10 Zehnerstangen
für jedes Kind 10 Einerwürfel
1 Würfel

Spielregeln:
1. Würfelt abwechselnd.
2. Nimm so viele Einerwürfel, wie du gewürfelt hast.
3. Tausche immer zehn Einerwürfel gegen eine Zehnerstange um.
4. Gewonnen hat, wer zuerst 10 Zehnerstangen hat.

Oh, da musst du wechseln.

Spielt das Hunderterspiel mit Geld.

Hüpfen auf dem Zahlenstrahl

Ihr braucht:
1 Zahlenstrahl bis 100 (oder ein Maßband)
1 Würfel
für jedes Kind eine Spielfigur

Spielregeln:
1. Alle starten bei 0.
2. Würfelt abwechselnd.
3. Hüpfe um so viele Plätze weiter, wie du gewürfelt hast.
4. Gewonnen hat, wer genau die 100 erreicht.

1 Spielt die Spiele. Was hat dir gefallen? Was hat dir nicht gefallen? Warum?

2 Erkläre ein Spiel.

Spiele zur Addition und Subtraktion bis 100: Spielregeln nachvollziehen, Spiele konkret durchführen, Schwierigkeiten besprechen, ggf. Spielregeln variieren. Ein eigenes Spiel erfinden und präsentieren.

Plus und Minus bis 100

Addieren bis 100

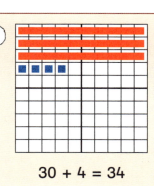
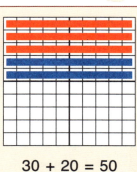
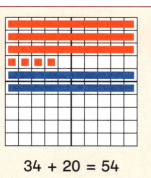
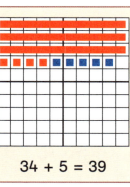

30 + 4 = 34   30 + 20 = 50   34 + 20 = 54   34 + 5 = 39

1 Lege und rechne.
a) 30 + 8   b) 60 + 5   c) 80 + 3   d) 20 + 7   e) 70 + 0
30 + 6   60 + 2   80 + 0   50 + 7   90 + 5
30 + 9   60 + 4   80 + 7   70 + 7   10 + 8

2 Lege und rechne.
a) 30 + 10   b) 50 + 40   c) 40 + 20   d) 60 + 20   e) 30 + 70
30 + 50   50 + 50   40 + 40   20 + 20   50 + 30
30 + 30   50 + 10   40 + 10   80 + 20   40 + 50

3 Lege und rechne.
a) 34 + 30   b) 57 + 30   c) 49 + 20   d) 62 + 30   e) 26 + 70
34 + 50   57 + 40   49 + 50   28 + 30   61 + 30
34 + 60   57 + 10   49 + 30   54 + 30   55 + 40

4 Lege und rechne.
a) 34 + 3   b) 72 + 3   c) 84 + 3   d) 51 + 6   e) 65 + 4
34 + 6   72 + 5   84 + 6   83 + 6   92 + 1
34 + 2   72 + 7   84 + 5   94 + 6   81 + 7

5 Rechne.
a) 40 + ___ = 80   b) 20 + ___ = 50   c) 50 + ___ = 100   d) 20 + ___ = 100
40 + ___ = 60   20 + ___ = 70   80 + ___ = 100   70 + ___ = 100
40 + ___ = 90   20 + ___ = 90   10 + ___ = 100   90 + ___ = 100

6 Rechne.

a)
+	3	5	8
30			
70			

b)
+	20	40	10
27			
35			

c)
+	4	6	3
61			
82			

Addieren ohne Zehnerübergang. Operative Zusammenhänge entdecken und nutzen. Tabellen ins Heft abzeichnen und ausfüllen.

Plus und Minus bis 100

Subtrahieren bis 100

50 − 4 = 46	50 − 20 = 30	54 − 20 = 34	57 − 3 = 54

1 Lege und rechne.
a) 50 − 8 b) 60 − 5 c) 80 − 3 d) 20 − 7 e) 40 − 1
   50 − 6   60 − 2   80 − 0   90 − 7   70 − 0
   50 − 9   60 − 6   80 − 9   70 − 7   10 − 8

2 Lege und rechne.
a) 50 − 10 b) 80 − 20 c) 90 − 40 d) 60 − 40 e) 100 − 30
   50 − 50   80 − 40   90 − 10   70 − 40   100 − 50
   50 − 30   80 − 50   90 − 60   40 − 40   100 − 60

3 Lege und rechne.
a) 54 − 30 b) 97 − 30 c) 79 − 20 d) 62 − 30 e) 88 − 10
   54 − 50   97 − 20   79 − 50   71 − 30   96 − 70
   54 − 40   97 − 40   79 − 30   54 − 30   61 − 30

4 Lege und rechne.
a) 57 − 1 b) 78 − 3 c) 89 − 3 d) 57 − 3 e) 79 − 7
   57 − 6   78 − 5   89 − 7   68 − 3   65 − 4
   57 − 7   78 − 7   89 − 1   94 − 3   99 − 6

5 Rechne.
a) 100 − ___ = 100 b) 90 − ___ = 50 c) 40 − ___ = 0   d) 60 − ___ = 10
   100 − ___ = 60   90 − ___ = 70   80 − ___ = 40   20 − ___ = 10
   100 − ___ = 90   90 − ___ = 90   70 − ___ = 30   90 − ___ = 10

6 Rechne.

a)
−	3	5	8
60			
90			

b)
−	20	40	10
47			
65			

c)
−	4	6	3
68			
97			

Subtrahieren ohne Zehnerübergang. Operative Zusammenhänge erkennen und nutzen. Tabellen ins Heft abzeichnen und ausfüllen.

Plus und Minus bis 100

Addieren über den Zehner

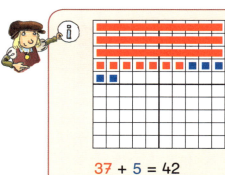

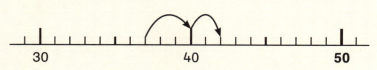

37 + 5

30   40   50

37 + 5 = 42   37 + 3 = 40
37 + 3 + 2 = 42   40 + 2 = 42

1 Rechne.

a) 37 + __ = 40   b) 62 + __ = 70   c) 46 + __ = 50   d) 24 + __ = 30
   34 + __ = 40   65 + __ = 70   76 + __ = 80   96 + __ = 100
   31 + __ = 40   67 + __ = 70   86 + __ = 90   73 + __ = 80

2 Lege und rechne.

a) 37 + 4   b) 48 + 3   c) 56 + 5   d) 75 + 6   e) 84 + 9
   37 + 6   48 + 5   56 + 7   78 + 6   87 + 9
   37 + 7   48 + 9   56 + 8   76 + 6   89 + 9

3 Zeige am Zahlenstrahl. Rechne.

0   10   20   30   40   **50**   60   70   80   90   **100**

a) 14 + 8   b) 13 + 9   c) 29 + 4   d) 25 + 7   e) 17 + 9
   34 + 8   43 + 9   69 + 6   45 + 9   37 + 8
   64 + 8   73 + 9   89 + 5   65 + 6   77 + 7

4 Schau dir die Aufgaben an. Welche Aufgaben gehen über den Zehner? Schreibe auf.

47 + 5	72 + 5	69 + 4	56 + 7
32 + 7	86 + 6	34 + 5	92 + 6
54 + 5	42 + 5	28 + 6	77 + 4

über den Zehner	nicht über den Zehner
4 7 + 5	7 2 + 5

5 a) Starte bei 74. Schreibe Aufgaben, die nicht über 80 gehen.
   b) Starte bei 85. Schreibe Aufgaben, die über 90 gehen.

26 Addition von einstelligen Summanden mit Zehnerübergang. Aufgaben mit Zehnerstangen und Plättchen und am Zahlenstrahl veranschaulichen.

Plus und Minus bis 100

Subtrahieren über den Zehner

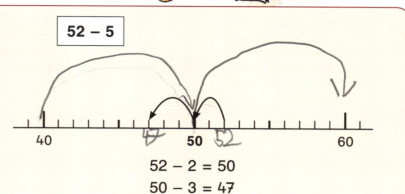

52 − 5 = 47
52 − 2 − 3 = 47

52 − 2 = 50
50 − 3 = 47

1 Rechne.

a) 52 − __ = 50
54 − __ = 50
51 − __ = 50

b) 62 − __ = 60
65 − __ = 60
67 − __ = 60

c) 46 − __ = 40
76 − __ = 70
86 − __ = 80

d) 24 − __ = 20
96 − __ = 90
73 − __ = 70

2 Lege und rechne.

a) 52 − 4
52 − 6
52 − 7

b) 41 − 3
41 − 5
41 − 9

c) 54 − 6
54 − 7
54 − 8

d) 74 − 8
75 − 8
76 − 8

e) 83 − 4
82 − 4
81 − 4

3 Zeige am Zahlenstrahl. Rechne.

a) 14 − 8
34 − 8
64 − 8

b) 13 − 9
43 − 9
73 − 9

c) 32 − 4
52 − 6
42 − 5

d) 25 − 7
45 − 9
65 − 6

e) 21 − 9
31 − 8
61 − 7

4 Schau dir die Aufgaben an. Welche Aufgaben gehen über den Zehner? Schreibe auf.

47 − 5	72 − 5	69 − 4	56 − 7
32 − 7	86 − 6	34 − 5	92 − 6
54 − 5	42 − 5	28 − 6	77 − 4

über den Zehner	nicht über den Zehner
72 − 5	47 − 5

5 a) Starte bei 68. Schreibe Aufgaben, die nicht unter 60 gehen.
b) Starte bei 84. Schreibe Aufgaben, die unter 80 gehen.

Subtraktion von einstelligen Subtrahenden mit Zehnerübergang. Aufgaben mit Zehnerstangen und Plättchen und am Zahlenstrahl veranschaulichen.

Plus und Minus bis 100

Rechentricks und Rechenstrategien

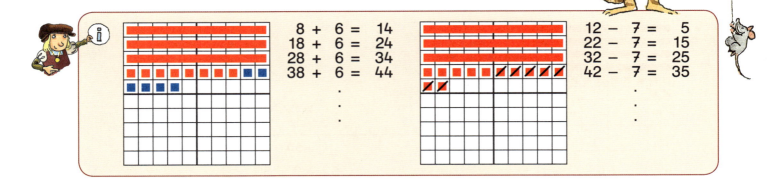

1 Schau dir die Aufgaben im Infokasten an. Was fällt dir auf? Wie geht es weiter?

2 Viele ähnliche Aufgaben. Rechne.

a) 48 + 6
   58 + 6
   68 + 6

b) 52 − 7
   62 − 7
   72 − 7

c) 18 + 8
   28 + 8
   58 + 8

d) 14 − 5
   24 − 5
   34 − 5

e) 16 + 9
   36 + 9
   76 + 9

3 Rechne.

a)
b)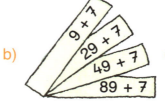
c)
d)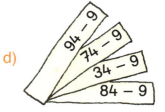

4 Finde zu jeder Aufgabe fünf ähnliche Aufgaben.

a) 19 + 6   b) 16 + 8   c) 23 − 5   d) 21 − 7 | 29 + 6 | | 9 + 6 | | 99 + 6 |

5 Rechne.

a) 28 + __ = 33
   57 + __ = 64

b) 31 − __ = 25
   94 − __ = 86

c) 32 + __ = 72
   17 + __ = 47

d) 43 − __ = 23
   86 − __ = 46

6 Hier haben sich Fehler versteckt. Finde sie. Erkläre.

| A | 38 + 4 = 24 | B | 47 + 8 = 54 | C | 76 − 6 = 67 | D | 90 − 8 = 82 |
| E | 59 + 5 = 64 | F | 85 + 9 = 94 | G | 94 − 3 = 97 | H | 50 − 9 = 42 |

7 Rechne. Was fällt dir auf? Vergleiche die Aufgaben miteinander.

a) 18 + 9
   18 + 10

b) 45 + 9
   45 + 10

c) 62 − 9
   62 − 10

d) 83 − 9
   83 − 10

e) 91 − 9
   91 − 10

8 Finde Aufgaben und rechne.   a) Immer   b) Immer

Addieren und Subtrahieren mit und ohne Zehnerübergang. Operative Zusammenhänge erkennen und nutzen.

Plus und Minus bis 100

9 Zu jeder Aufgabe gibt es eine Tauschaufgabe.
Schreibe sie im Heft untereinander. Rechne. Was fällt dir leichter?

| 35 + 7 | 79 + 8 | 88 + 7 | 56 + 8 | 7 + 35 |
| 8 + 79 | 8 + 56 | 47 + 6 | 6 + 47 | 7 + 88 |

10 Rechne. Was fällt dir auf?

a) 13 + 4
    17 − 4

b) 25 + 8
    33 − 8

c) 48 + 7
    55 − 7

d) 23 − 6
    17 + 6

e) 74 − 8
    66 + 8

11 Rechne. Die Umkehraufgaben können dir beim Lösen helfen.

a) ___ + 5 = 43
    ___ + 9 = 45

b) ___ + 20 = 98
    ___ + 40 = 72

c) ___ − 6 = 67
    ___ − 8 = 75

d) ___ − 40 = 34
    ___ − 50 = 49

12 Rechne.

a)

+	8		9	20	
34					74
54		60			

b)

−	5	7		30	
33			24		
63					53

13 Schreibe Plus- und Minusaufgaben zu den Ergebniszahlen.

| 22 | 61 | 56 | 49 | 87 | 33 |

22
18 + 4 = 22
30 − 8 = 22

14 a) Starte bei 94. Subtrahiere immer 9. Schreibe so: 94 − 9 = 85   85 − 9 = ...
b) Starte bei 7. Addiere immer 9. Schreibe so: 7 + 9 = 16   16 + 9 = ...

15 Rechne geschickt.

a) 38 + 2 + 7
    81 + 9 + 1
    55 + 3 + 5

b) 77 + 6 + 3
    45 + 5 + 4
    88 + 7 + 2

c) 65 − 5 − 3
    77 − 7 − 2
    92 − 6 − 2

d) 61 − 4 − 1
    82 − 5 − 2
    63 − 7 − 3

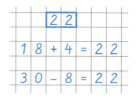

Ich rechne 77 + 3 + 6

16 Setze <, > oder = ein.

a) 68 − 9 ◯ 57
    72 − 5 ◯ 67
    84 + 7 ◯ 78

b) 63 ◯ 75 − 10
    54 ◯ 45 + 9
    91 ◯ 87 + 4

c) 27 + 5 ◯ 41 − 6
    57 − 8 ◯ 45 + 7
    95 − 9 ◯ 78 + 8

Addieren und Subtrahieren mit und ohne Zehnerübergang. Operative Zusammenhänge erkennen und nutzen.
Geschickt rechnen. Ergebnis überschlagen und vergleichen.

Plus und Minus bis 100

Geld

| 1 Cent | 2 Cent | 5 Cent | 10 Cent | 20 Cent | 50 Cent | 100 Cent |
| 1 ct | 2 ct | 5 ct | 10 ct | 20 ct | 50 ct | 1 € 1 Euro |

1 Wie viel Geld ist es? Schreibe auf.

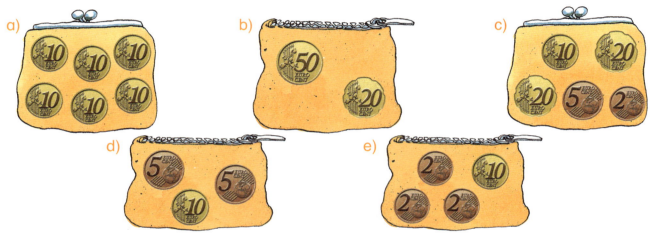

a) b) c)

d) e)

2 Lege 20 Cent auf verschiedene Arten. Schreibe deine Lösungen auf.
Schreibe so: 20 Cent = 10 Cent + 10 Cent

3 Lege auf verschiedene Arten. Schreibe deine Lösungen auf.

a) 50 Cent   b) 100 Cent   c) 80 Cent

4 Welche Münzen könnten die Kinder haben? Lege. Male oder schreibe.

a) Lea und Amal haben jede eine Münze. Amal hat 5 Cent mehr als Lea.
b) Felix und Tim haben jeder eine Münze. Tim hat 90 Cent weniger als Felix.
c) Jonas hat 18 Cent. Es sind sieben Münzen.

5 Sara hat 56 Cent. Sie bekommt eine Münze dazu. Wie viel Geld kann sie dann haben?

6 Nino wirft fünf 2-Euro-Münzen. Welche Begriffe passen?

selten	oft
immer	
nie	

A Der Gesamtwert beträgt 5 Euro.
B Der Gesamtwert beträgt 10 Euro.
C Keine Münze zeigt Zahl.
D Mindestens eine Münze zeigt Zahl.
E Eine Münze zeigt 50 Cent.
F Eine Münze bleibt stehen.

7 Erfinde eigene Rätsel.

Die Münzen bis 1 Euro kennen lernen; mit Münzwerten rechnen; Geldbeträge mit verschiedenen Münzen legen.
Aussagen zur Wahrscheinlichkeit von Ereignissen treffen.

Plus und Minus bis 100

Addieren und subtrahieren bis 100

1 Rechne.

a) 50 + 7
30 − 5
70 − 6

b) 60 + 30
20 + 70
90 − 50

c) 58 + 40
75 − 20
97 − 60

d) 64 + 5
93 + 7
48 − 6

2 Rechne.

a) 30 + __ = 80
60 + __ = 100
40 + __ = 70

b) 100 − __ = 40
70 − __ = 70
50 − __ = 10

c) 53 + __ = 60
84 + __ = 90
92 + __ = 100

d) 78 − __ = 70
29 − __ = 20
90 − __ = 90

3 Rechne.

a) 17 + 8
64 + 7
75 + 6
53 + 9

b) 63 − 7
94 − 8
22 − 6
55 − 9

c) 38 + __ = 44
79 + __ = 85
63 + __ = 83
28 + __ = 78

d) 51 − __ = 47
84 − __ = 76
69 − __ = 39
71 − __ = 41

4 Schau dir die Aufgaben an. Welche Aufgaben gehen über den Zehner? Schreibe auf.

37 − 5   52 − 5   89 + 4   46 + 7
52 − 7   76 + 6   64 + 5   52 + 6
74 + 5   92 − 5   58 − 6   67 − 4

über den Zehner	nicht über den Zehner
5 2 − 5	3 7 − 5

5 Schreibe zu jeder Aufgabe die Tauschaufgabe. Rechne. Was fällt dir leichter?

a) 36 + 9   b) 4 + 58   c) 54 + 40   d) 29 + 70

6 Schreibe zu jeder Aufgabe eine Umkehraufgabe. Rechne.

a) 29 + 7   b) 44 + 9   c) 52 − 4   d) 61 − 6

7 Rechne. Die Umkehraufgaben können dir beim Lösen helfen.

a) ___ + 6 = 62   b) ___ + 40 = 82   c) ___ − 5 = 58   d) ___ − 30 = 32

8 Welche Münzen könnten die Kinder haben? Lege. Male oder schreibe.

a) Elena und Sina haben jede eine Münze. Elena hat 30 Cent mehr als Sina.
b) Max hat 25 Cent. Es sind acht Münzen.

Alle wesentlichen Aspekte des Kapitels auf mittlerem Schwierigkeitsniveau wiederholen.
Die Seite kann zur Lernstandsanzeige genutzt werden.

Sachrechnen mit Leonardo

1 Lies die Tabelle. Rechne. Beantworte die Fragen.

a) Wie viele Kinder gehen in die Klasse 2a?
b) Wie viele Mädchen sind in der Klasse 2b?
c) Wie viele Jungen sind in der Klasse 2c?
d) In welcher Klasse sind die wenigsten Kinder?
e) In welcher Klasse sind gleich viele Jungen und Mädchen?

Klasse	Mädchen	Jungen	zusammen
2a	12	12	
2b		12	23
2c	12		25

2 Welche Begriffe passen? Ordne zu.

A Drei Mädchen in der Klasse 2a heißen Sina.
B Alle Kinder sind unter 18 Jahre alt.
C Drei der Kinder waren schon einmal auf dem Mond.

unmöglich   sicher   möglich

3 Überlege, wie du rechnen musst. Zeichne und schreibe zu jeder Rechengeschichte die Aufgabe.

a) Nino hat 12 Sticker. Er bekommt von seinem Freund noch 4 Sticker dazu.
b) Elena hat 22 Sticker. Sie schenkt ihrer Freundin 8 Sticker.
c) Max hat 16 Sticker. Sein Freund Ole hat 5 Sticker weniger.
d) Sina hat 7 Sticker mehr als Anne. Anne hat 8 Sticker.
e) Sara verteilt 12 Sticker an ihre drei Freundinnen.
f) Jonas bekommt von Lea 5 Sticker. Jetzt hat er 13 Sticker.

4 Überlege, ob du rechnen musst. Schreibe zu jeder Rechengeschichte die Aufgabe.

a) Max denkt sich eine Zahl. Wenn er sie verdoppelt, erhält er 42.
b) Ein Bauer hat 15 Schafe und 32 Kühe. Wie alt ist er?
c) Sina ist halb so alt wie ihr Bruder Timo. Timo ist 16 Jahre alt.
d) Amal hat 72 Murmeln. Beim ersten Spiel gewinnt sie 11 Murmeln. Beim zweiten Spiel verliert sie 9 Murmeln.
e) Lea hat 42 Murmeln. Das sind 7 weniger als Tim hat.

5 Überlege, frage, rechne und antworte.
Jonas bekommt von Tim 13 Murmeln, von Lea 9 Murmeln und von seiner Mutter 31 Murmeln.

6 Überlege, zeichne, rechne und antworte.
Tim bekommt von seinem Onkel ein Körbchen mit Nüssen. Er isst 8 Nüsse. Vom Rest gibt er seinem Freund die Hälfte ab. Es bleiben 12 Nüsse übrig. Wie viele Nüsse hat Tim von seinem Onkel bekommen?

Tabelle ins Heft abzeichnen, ausfüllen und interpretieren; Aussagen zur Wahrscheinlichkeit von Ereignissen treffen; Sachaufgaben veranschaulichen, passende Fragen, Rechnungen und Antworten notieren.

Sachrechnen mit Leonardo

1 Schreibe Rechengeschichten.

a)

b)

2 Einen Text untersuchen.

Text: Amal hat schon zwei Euro von ihrem Taschengeld ausgegeben. Jetzt hat sie noch acht Euro.

Fragen:
A Wer hat Taschengeld ausgegeben?
B Was hat sich Amal von dem Geld gekauft?
C Wie viel Geld hat Amal noch?
D Wie viel Geld hat Amal bereits ausgegeben?
E Wie viel Taschengeld hatte Amal?
F Wie viel Taschengeld bekommst du?

a) Lies den Text genau. Beantworte die Fragen mit Hilfe des Textes.
Schreibe so: A: Amal, B: ...
b) Bei welcher Frage musst du rechnen, um eine Antwort zu finden?
Rechne. Schreibe eine Antwort.

3 In einer Spardose sind drei verschiedene Cent-Münzen.
Wie viel Geld kann es sein?
Mache eine Tabelle und schreibe jeweils den Betrag auf.

3 Münzen	Betrag
1 ct, 2 ct, 5 ct	___ ct

4 Tim möchte sich ein großes Modell-Auto für 21 Euro kaufen. Er hat 25 Euro gespart.

a) Behält Tim Geld übrig, wenn er sich das Auto kauft? Rechne.
b) Schreibe eine Antwort.

5 Elena geht am Sonntag mit ihren Eltern in den Zoo.

a) Wie viel kostet der Eintritt für die 3 Personen?
b) Elenas Vater bezahlt mit einem 50-Euro-Schein.
Wie viel Geld bekommt er zurück?

Eintrittspreise
Erwachsene 12 €
Kinder 5 €

Sachaufgaben mit Geld lösen, Informationen aus Texten und Abbildungen entnehmen; passende Informationen finden, Fragen stellen, Rechnungen notieren und Ergebnisse interpretieren. Münzwerte kombinieren.

Formen und Figuren

So hat der Maler Paul Klee ein Haus gemalt.
Es heißt Villa R.

Geometrische Formen in einem Kunstwerk entdecken und beschreiben.

Formen und Figuren

1. Erzähle zu dem Bild von Paul Klee.
2. Beschreibe, was die Kinder tun.
3. Gestalte dein Traumhaus.

Kunstwerke, insbesondere Häuser, aus geometrischen Formen gestalten: z. B. durch Freihandzeichnen, Drucken, Verwenden von Gegenständen als Schablone.

Formen und Figuren

Kreise, Dreiecke, Rechtecke und Quadrate

1 Suche Formen in der Umgebung.

2 Benenne die Formen.

A B C D E

3 Benenne die Form. Schreibe so: a) Rechteck, b) ...

a)  b)   c)   d)   e)   f)

4 Benenne die Form. Schreibe auf.

a)  b)  c)  d)

5 Zeichne die Folgen von Formen in dein Heft. Setze fort.

6 Zeichne eigene Folgen mit Formen.

7 Zeichne Kreise, Dreiecke, Rechtecke und Quadrate. Benutze Gegenstände als Schablone.

Geometrische Formen kennen lernen und ihre Eigenschaften beschreiben. Geometrische Formen benennen und in der Umwelt wiedererkennen. Zeichenübungen zu geometrischen Formen durchführen; Folgen fortsetzen.

Formen und Figuren

Spannen und zeichnen

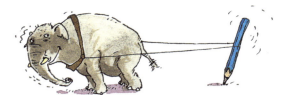

1 Spanne nach. Benenne die Form.

a) 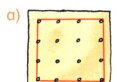 b) 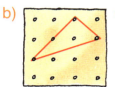 c) 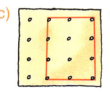 d) 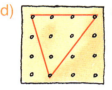 e)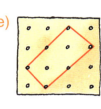

2 Spanne verschiedene Dreiecke. Zeichne sie auf ein Punktefeld.
Wie viele Dreiecke findest du? Vergleiche mit anderen Kindern.

3 Spanne die Vierecke nach. Zeichne sie auf ein Punktefeld.

a) 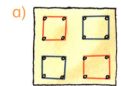 b) 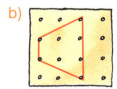 c) 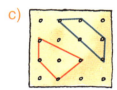 d) 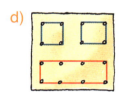 e)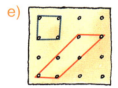

4 Versuche einen Kreis zu spannen. Erkläre.

5 Spanne mit einem oder mehreren Gummis nach.

a) 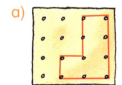 b) 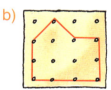 c) 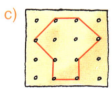 d) 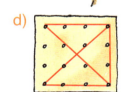 e)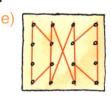

6 Spanne Muster mit einem oder mehreren Gummis.

7 Welche Form entsteht?
Spanne im Kopf ein Gummi um die Punkte.
Spanne oder zeichne zur Kontrolle.

a) ABFE   b) ICH   c) BNOC   d) OLBE   e) FEIN

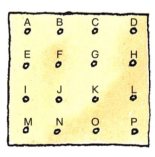

8 Wie viele Formen entdeckst du? Vergleicht eure Ergebnisse.

a) 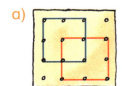 b) 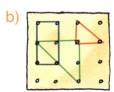 c) 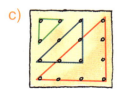 d)

Spannübungen am Geobrett bzw. Zeichenübungen am Punktefeld (Kopiervorlage) durchführen.

37

Formen und Figuren

Falten und legen

1 Falte und zerschneide Quadrate.

a)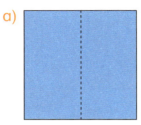
2 Rechtecke

b)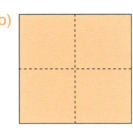
4 kleine Quadrate

c)
4 große Dreiecke

d)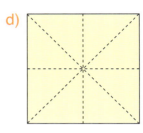
8 kleine Dreiecke

2 Lege nach. Trage ein.

a) 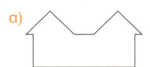 b)  c)

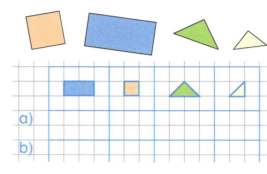

3 Lege mit acht Dreiecken nach.

a)   b)   c)   d)   e)

4 Für welche Figur brauchst du die meisten Dreiecke? Schätze. Lege nach.

A 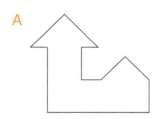   B 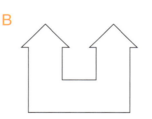   C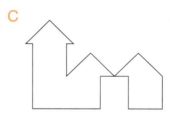

5 Lege nach. Trage in eine Tabelle ein.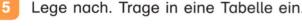

A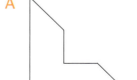
a) mit 8 Formen
b) mit 13 Formen

B
a) mit 7 Formen
b) mit 8 Formen
c) mit 11 Formen

6 Lege ein Quadrat aus verschiedenen Formen. Finde mehrere Möglichkeiten.

7 Gestalte mit den Formen Figuren und Bilder. Klebe sie in dein Heft.

Aus acht Quadraten (mit der Seitenlänge 10 cm) Rechtecke, kleine Quadrate und große und kleine Dreiecke nach Anleitung falten und schneiden. Mit den Formen Figuren legen.

Formen und Figuren

Legen und rechnen

1 Benenne die Form. Schreibe auf.

a)  b)  c) 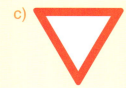 d)  e)

2 Benenne die Form. Schreibe auf.

a)  b)   c)  d)   e)   f)   g)

3 Zeichne in dein Heft. Setze fort.

4 Spanne nach. Zeichne auf ein Punktefeld.

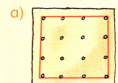

5 Lege nach. Trage ein.

a)   b)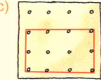

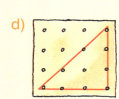

6 Welche Form entsteht? Spanne im Kopf ein Gummi um die Punkte.

a) EGON   b) FINK
c) KLON   d) OBEN

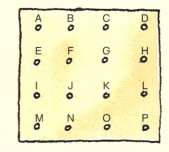

Alle wesentlichen Aspekte des Kapitels auf mittlerem Schwierigkeitsniveau wiederholen.
Die Seite kann zur Lernstandsanzeige genutzt werden.

39

Fit mit Leonardo

1 a) Wie heißen die Zahlen? Schreibe auf.
b) Benenne die Formen.

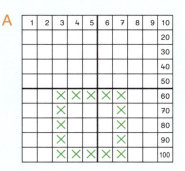
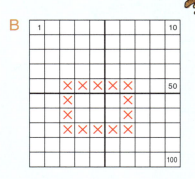
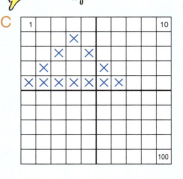

2 Rechne.

a) 3 + 4
13 + 4
43 + 4

b) 8 − 3
28 − 3
58 − 3

c) 10 − 6
30 − 6
80 − 6

d) 74 + 2
47 + 2
69 − 2

e) 47 + 20
77 + 20
84 − 20

3 Vor und zurück zum Zehner. Schreibe Plus- und Minusaufgaben.

   72   46   68   81   24   35   53   94   17

```
7 2

7 2 + 8 = 8 0

7 2 − 2 = 7 0
```

4 Rechne.

a) 43 + 1
43 + 10
37 + 2
37 + 20

b) 35 + 4
35 + 40
15 + 4
15 + 40

c) 28 − 2
28 − 20
99 − 9
99 − 90

d) 65 − 3
65 − 30
77 − 5
77 − 50

e) 56 + __ = 60
56 + __ = 66
56 − __ = 56
56 − __ = 50

5 Rechne.

a) 46 + 9
45 + 9
46 + 10

b) 38 + 6
39 + 6
38 + 7

c) 54 − 3
53 − 3
54 − 4

d) 63 − 5
63 − 3
62 − 4

e) 74 + 9 + 6
73 + 8 + 7
72 + 7 + 8

6 Rechne.

a)

+	3		30
34			54
65		72	

b)

−	6		20
87		79	
73			23

Orientierungsübungen an der Hundertertafel (Buchbeilage). Vertiefung der Addition und Subtraktion im Zahlenraum bis 100.

Fit mit Leonardo

7 Rechne. Finde die Lösungswörter.

5	15	25	36	45	46	55	56	65	66	67	76	77
O	B	A	D	L	N	E	H	R	U	I	T	K

a) 8 + 7
20 + 5
38 + 7
40 + 5

b) 12 − 7
20 − 5
62 − 7
70 − 5

c) 83 − 6
70 − 3
54 − 8
40 − 4

d) 46 + 10
50 + 16
96 − 40
86 − 40

8 Rechne.

a) 21 + ___ = 28
32 + ___ = 38
43 + ___ = 48
54 + ___ = 58

b) ___ + 10 = 22
___ + 20 = 42
___ + 30 = 62
___ + 40 = 82

c) 65 + ___ = 75
85 + ___ = 95
27 + ___ = 67
57 + ___ = 97

9 Finde die Fehler. Die Buchstaben der falsch gerechneten Aufgaben ergeben ein Lösungswort.

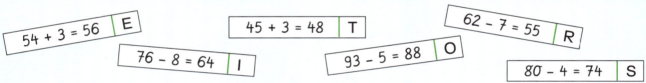

54 + 3 = 56 E
76 − 8 = 64 I
45 + 3 = 48 T
93 − 5 = 88 O
62 − 7 = 55 R
80 − 4 = 74 S

10 Setze <, > oder = ein.

a) 46 + 8 ◯ 55
66 + 7 ◯ 75
34 − 9 ◯ 25

b) 80 ◯ 76 + 6
80 ◯ 87 − 7
60 ◯ 69 − 8

c) 30 + 40 ◯ 60 + 8
80 − 20 ◯ 56 + 6
50 + 30 ◯ 74 + 4

11 Schreibe alle Aufgaben, die nicht über den Zehner gehen, in dein Heft.

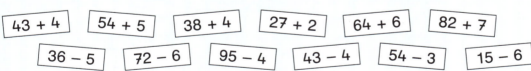

43 + 4   54 + 5   38 + 4   27 + 2   64 + 6   82 + 7
36 − 5   72 − 6   95 − 4   43 − 4   54 − 3   15 − 6

12 Beim Radrennen.

a) In welcher Reihenfolge können diese vier Radfahrer ins Ziel kommen? Male oder schreibe Möglichkeiten auf. Wie viele findest du?

b) Welche Begriffe passen?

A Alle Radfahrer kommen an.
B Alle Radfahrer kommen gleichzeitig an.
C Alle Radfahrer tragen einen Helm.

unmöglich   sicher   selten   oft

Verpackungen

Verpackungen

1. Erzähle zum Bild.
2. Finde Rechenaufgaben.
3. Vergleiche Verpackungen.
4. Sammelt Verpackungen.

Den räumlich-simultanen und zeitlich-sukzessiven Aspekt der Multiplikation anhand von Verpackungen und Handlungen thematisieren; gleiche Summanden wiederholt addieren.

Verpackungen

Von Plus zu Mal

   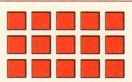 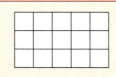

Es sind 3 Reihen.
In jeder Reihe sind 5 Becher.
Das sind 15 Becher.

$5 + 5 + 5 = 15$

$3 \cdot 5 = 15$
3 mal 5 gleich 15

1 Lege nach oder male. Schreibe die Plus- und die Malaufgabe. Rechne.

a)  b)  c)   d)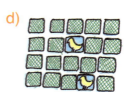

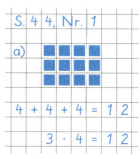

2 Male. Schreibe die Plus- und die Malaufgabe. Rechne.

a)   b)   c)   d)  e)

3 Schreibe die Plus- und die Malaufgabe. Rechne.

a)  b)   c)  d) 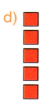 e)

4 Lege oder male. Schreibe die Malaufgaben. Rechne.

a) $4 + 4$
   $3 + 3 + 3 + 3$
   $6 + 6$

b) $5 + 5 + 5 + 5 + 5$
   $2 + 2 + 2 + 2 + 2$
   $4 + 4 + 4 + 4 + 4$

c) $7 + 7 + 7$
   $1 + 1 + 1 + 1$
   $8 + 8$

5 Male und rechne.

a) $6 \cdot 4$
   $7 \cdot 4$

b) $2 \cdot 5$
   $4 \cdot 5$

c) $4 \cdot 10$
   $2 \cdot 10$

d) $0 \cdot 3$
   $8 \cdot 0$

e) $3 \cdot 3$
   $4 \cdot 4$

6 Finde Malaufgaben zu deinen Verpackungen.

Räumlich-simultaner Aspekt der Multiplikation: Veranschaulichung an Verpackungen und an Plättchenfeldern.
Multiplikation als wiederholte Addition gleicher Summanden.

Verpackungen

7 Schreibe die Plus- und die Malaufgabe. Rechne.

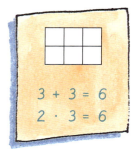 a) 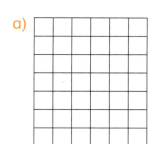 b) c)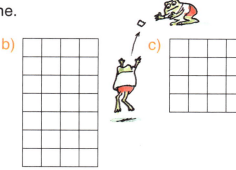

3 + 3 = 6
2 · 3 = 6

d) 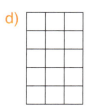 e) 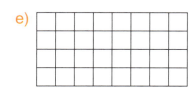 f) 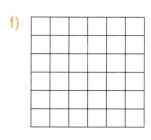 g)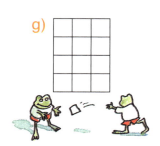

8 Lege oder male. Schreibe die Malaufgaben. Rechne.

a) 2 + 2 + 2
5 + 5 + 5 + 5
3 + 3 + 3 + 3 + 3
1 + 1 + 1 + 1 + 1 + 1

b) 4 + 4 + 4 + 4
3 + 3 + 3
2 + 2
6 + 6 + 6 + 6 + 6 + 6

c) 4 + 4 + 4 + 4 + 4
2 + 2 + 2 + 2 + 2
7 + 7 + 7 + 7 + 7
6 + 6 + 6 + 6 + 6

9 Rechne.

a) 3 · 3
4 · 3
5 · 3
6 · 3

b) 2 · 2
3 · 2
4 · 2
5 · 2

c) 2 · 4
3 · 4
4 · 4
5 · 4

d) 5 · 2
5 · 3
5 · 4
5 · 5

e) 6 · 5
6 · 4
6 · 3
6 · 2

10 Finde Malaufgaben. Rechne.

a) Jonas trägt einen Kasten Mineralwasser.
Die Flaschen stehen in vier Reihen.
In jeder Reihe sind zwei Flaschen.

b) Sara füllt einen Kasten mit zwölf Flaschen.

11 Suche passende Verpackungen zu den Malaufgaben.

a) 6 · 2   b) 3 · 4   c) 2 · 3   d) 2 · 10   e) 4 · 7

12 Schreibe zu den Ergebniszahlen Malaufgaben. Male und rechne.

a) 10   b) 15   c) 18   d) 6

Räumlich-simultaner Aspekt der Multiplikation: Veranschaulichung an Malfeldern. Zeitlich-sukzessiver Aspekt der Multiplikation: Veranschaulichung anhand von Sachaufgaben.

45

Verpackungen

Tauschaufgaben

1 Vergleiche die Malaufgaben von Felix und Lea.

Welche Malaufgabe sieht Felix?
Welche Malaufgabe sieht Lea?

Tauschaufgaben

$3 \cdot 5 = 15$ $5 \cdot 3 = 15$

2 Lege oder male. Schreibe die Malaufgabe. Gib auch die Tauschaufgabe an.

a)   b)   c)   d)

3 Schreibe die Malaufgabe. Gib auch die Tauschaufgabe an. Rechne.

a)   b)   c)   d)   e)

f)   g)   h)

4 Lege oder male. Rechne. Gib auch die Tauschaufgaben an.

a) $3 \cdot 2$	b) $10 \cdot 7$	c) $5 \cdot 1$	d) $5 \cdot 4$
$4 \cdot 2$	$10 \cdot 5$	$5 \cdot 2$	$6 \cdot 3$
$5 \cdot 2$	$10 \cdot 3$	$5 \cdot 3$	$7 \cdot 2$
$6 \cdot 2$	$10 \cdot 9$	$5 \cdot 4$	$8 \cdot 1$

5 a) Wie liegen die Pralinen in der Verpackung?
b) Finde weitere Verpackungen für 24 Pralinen.

Durch Änderung des Blickwinkels die Tauschaufgabe finden.

Verpackungen

Mit dem Hunderterfeld geht es leichter

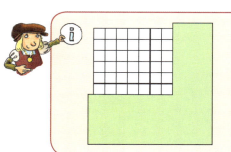 

6 · 7 = 42

Es sind 6 Reihen.
In jeder Reihe sind 7 Felder.

1 Schreibe die Malaufgabe. Rechne.

a) 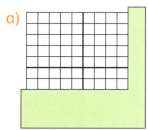   b) 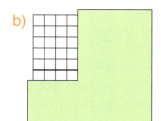   c)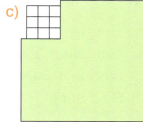

d) 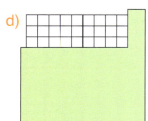   e) 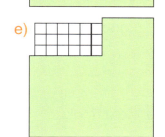   f)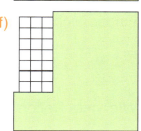

2 Zeige die Aufgaben am Hunderterfeld. Geht das immer? Rechne.

a) 3 · 5   b) 7 · 2   c) 5 · 4   d) 0 · 3   e) 8 · 2
   3 · 6   7 · 3   4 · 4   1 · 3   8 · 1
   3 · 7   7 · 4   3 · 4   2 · 3   8 · 0

3 Rechne.

a) 5 · 5   b) 4 · 2   c) 7 · 3   d) 3 · 5   e) 5 · 6
   4 · 4   5 · 3   9 · 2   6 · 7   8 · 8

4 Finde zu den Ergebniszahlen Malaufgaben am Hunderterfeld. Schreibe auf.

a) 9   b) 24   c) 12   d) 20   e) 7

5 Schreibe in dein Heft. Rechne.

a) __ · 1 = 5   b) 3 · __ = 24   c) 1 · __ = 7   d) __ · __ = 8
   5 · __ = 10   __ · 9 = 27   __ · 7 = 0   __ · __ = 12

Multiplikation mit Hilfe des Hunderterfeldes (Buchbeilage). Den Winkel mit zwei Din A4-Blättern jeweils passend legen.
Die Einteilung des Hunderterfeldes durch das Mittelkreuz als Hilfe nutzen; Vorbereitung des Distributivgesetzes.

Verpackungen

Nach und nach

1 Schreibe die Malaufgabe. Rechne.

2 Stelle Fragen. Schreibe Antworten.

a) Tim legt 2 Packungen mit jeweils 10 Eiern auf das Band an der Kasse.
b) Lea bringt 3 Netze mit jeweils 5 Mandarinen.
c) Nino legt 5 Dosen mit jeweils 8 Würstchen auf das Band.
d) Sina bringt 4 Packungen mit jeweils 6 Eiern.

3 Finde Rechengeschichten zu den Aufgaben. Erzähle, male und rechne.

a) 4 · 2   b) 3 · 4   c) 7 · 2   d) 4 · 8   e) 2 · 2

4 Wie viele Reifen sind es? Schreibe Malaufgaben.

a) 1 Fahrrad   b) 5 Einräder   c) 8 Autos   d) 1 Dreirad
   2 Fahrräder   1 Einrad   4 Autos   6 Dreiräder
   3 Fahrräder   7 Einräder   1 Auto

5 Male Malfelder. Rechne. Setze fort.

a) 2 · 3   b) 3 · 10   c) 1 · 5   d) 3 · 5
   2 · 4   4 · 10   2 · 5   3 · 6
   2 · 5   5 · 10   3 · 5   3 · 7

6 Welche Aufgaben passen zum Bild? Schreibe auf. Rechne.

a)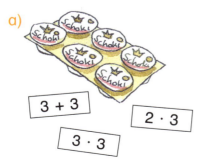
3 + 3   2 · 3   3 · 3

b)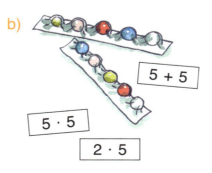
5 + 5   5 · 5   2 · 5

c)
6 + 6   2 + 6   2 · 6

Zeitlich-sukzessiven Aspekt der Multiplikation durch Nachspielen von Situationen verdeutlichen.

Verpackungen

Verpackte Malaufgaben

1 Schreibe die Malaufgabe. Rechne.

a)    b)    c)    d)

2 Schreibe die Malaufgabe. Rechne.

a) 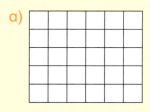   b) 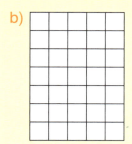   c) 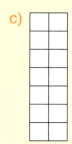   d)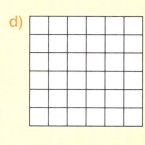

3 Schreibe die Malaufgabe und die Tauschaufgabe. Rechne.

a) 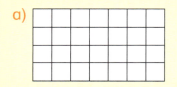   b) 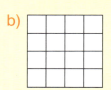   c) 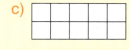   d)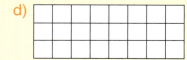

4 Schreibe die Malaufgabe. Rechne.

a) 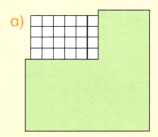   b) 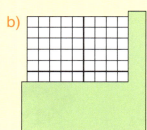   c)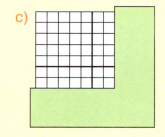

5 Lege oder male. Rechne.

a) 4 · 3   b) 3 · 3   c) 7 · 2   d) 5 · 5   e) 9 · 2
   7 · 4   3 · 4   6 · 2   5 · 0   4 · 9
   0 · 4   3 · 5   5 · 2   5 · 10   4 · 4

6 Schreibe Aufgaben.

a) Elena legt 3 Packungen mit jeweils 10 Eiern in den Einkaufswagen.
b) Amals Vater trägt einen Karton mit Milchtüten. Die Milchtüten stehen in zwei Reihen. In jeder Reihe sind 6 Milchtüten.

Alle wesentlichen Aspekte des Kapitels auf mittlerem Schwierigkeitsniveau wiederholen.
Die Seite kann zur Lernstandsanzeige genutzt werden.

Auf der Suche nach den hundert Malaufgaben

Zuordnung von Malaufgaben und Malfeldern erkennen.

Auf der Suche nach den hundert Malaufgaben

1. Erzähle zum Bild. Wie finden die Kinder Malaufgaben?

2. Male das Malfeld ab. Schreibe die Malaufgabe. Verändere das Malfeld und schreibe die neuen Malaufgaben auf eigene Malaufgaben-Karten.

   a)   b)   c)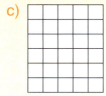

3. Stelle Malaufgaben-Karten her. Ordne sie.

Unterschiedliche Strategien zum systematischen Anordnen der Malaufgaben finden, erklären und vergleichen.

Auf der Suche nach den hundert Malaufgaben

Malfelder verlängern und verkürzen

1 Schreibe die Malaufgaben. Setze fort. Male und rechne.

a)

b)

2 Male ab. Schreibe die Malaufgabe. Verlängere das Malfeld. Rechne.

a) 　　b) 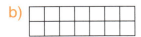　　c) 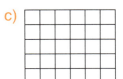　　d)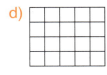

3 Rechne.

a) 5 · 3　　b) 2 · 7　　c) 4 · 3　　d) 8 · 4
　 5 · 4　　　 2 · 6　　　 5 · 3　　　 7 · 4
　 5 · 5　　　 2 · 5　　　 6 · 3　　　 6 · 4

4 Sara hat eine Tafel Schokolade mit acht Riegeln.

a) Wie viele Stücke Schokolade sind es?
b) Sara bricht einen Riegel von der Schokolade ab. Wie viele Stücke Schokolade bleiben übrig?

5 Male die Malfelder. Rechne. Setze fort.

a) 7 · 3　　b) 6 · 2　　c) 4 · 5　　d) 5 · 10
　 6 · 3　　　 5 · 2　　　 4 · 4　　　 5 · 9
　 5 · 3　　　 4 · 2　　　 4 · 3　　　 5 · 8

Auf der Suche nach den hundert Malaufgaben

Malfelder verdoppeln und halbieren

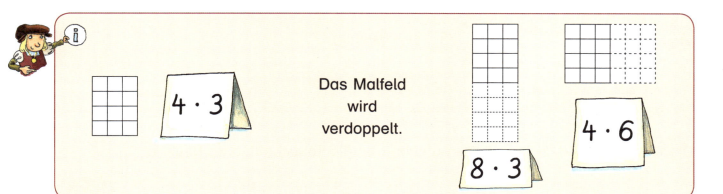

1 Schreibe die Malaufgaben. Rechne.

a)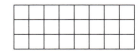

b)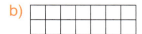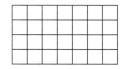

2 Male ab. Schreibe die Malaufgabe. Verdopple das Malfeld. Rechne.

a)    b)   c)   d)

3 Rechne.

a) 2 · 9   b) 7 · 2   c) 3 · 10   d) 8 · 6   e) 1 · 8
   4 · 9   7 · 4   3 · 5   4 · 6   2 · 8

f) 4 · 3   g) 10 · 8   h) 10 · 7   i) 3 · 6   j) 5 · 6
   4 · 6   10 · 4   5 · 7   6 · 6   5 · 3

4 Felix und Lea teilen sich eine Tafel Schokolade.

a) Wie viele Stücke Schokolade hat die Tafel?
b) Wie viele Stücke bekommt jedes Kind?

5 Male die Malfelder. Rechne. Vergleiche.

a) 4 · 6   b) 8 · 2   c) 6 · 10   d) 4 · 8
   2 · 6   4 · 2   6 · 5   4 · 4

Multiplikation am Malfeld: Assoziativgesetz erkennen und am Malfeld begründen. Verdoppeln und Halbieren als Strategien zur Berechnung von Malaufgaben erkennen und nutzen.

Auf der Suche nach den hundert Malaufgaben

Weitere Wege zu neuen Malaufgaben

Das Malfeld wird gedreht.

1 Drehe das Malfeld. Schreibe die Aufgabe und die Tauschaufgabe. Rechne.

a) 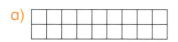 b)   c) 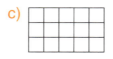 d)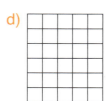

2 Male die Malfelder ab. Drehe die Malfelder. Schreibe die Aufgaben. Rechne.

a)   b)   c)   d)

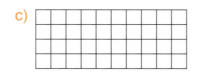

Das Malfeld bleibt ein Quadrat.

3 Lege mit Plättchen. Es soll ein Quadrat entstehen.

a) Schreibe die Malaufgaben. Rechne. Setze fort.

1 · 1   2 · 2   3 · 3   10 · 10

b) Vergleiche die Ergebnisse.
Wie viele Plättchen kommen jeweils dazu?

4 Finde Malaufgaben zu den Ergebniszahlen. Schreibe auf.

| 42 | 16 | 36 | 8 | 100 | 80 | 7 |

54 Multiplikation am Malfeld: Kommutativgesetz erkennen und am Malfeld begründen. Tauschaufgaben als Strategien zur Berechnung von Malaufgaben erkennen und nutzen. Quadratzahlen geometrisch veranschaulichen.

Auf der Suche nach den hundert Malaufgaben

Die hundert Malaufgaben des kleinen Einmaleins

1 · 1	1 · 2	1 · 3	1 · 4	1 · 5	1 · 6	1 · 7	1 · 8	1 · 9	1 · 10
2 · 1	2 · 2	2 · 3	2 · 4	2 · 5	2 · 6	2 · 7	2 · 8	2 · 9	2 · 10
3 · 1	3 · 2	3 · 3	3 · 4	3 · 5	3 · 6	3 · 7	3 · 8	3 · 9	3 · 10
4 · 1	4 · 2	4 · 3	4 · 4	4 · 5	4 · 6	4 · 7	4 · 8	4 · 9	4 · 10
5 · 1	5 · 2	5 · 3	5 · 4	5 · 5	5 · 6	5 · 7	5 · 8	5 · 9	5 · 10
6 · 1	6 · 2	6 · 3	6 · 4	6 · 5	6 · 6	6 · 7	6 · 8	6 · 9	6 · 10
7 · 1	7 · 2	7 · 3	7 · 4	7 · 5	7 · 6	7 · 7	7 · 8	7 · 9	7 · 10
8 · 1	8 · 2	8 · 3	8 · 4	8 · 5	8 · 6	8 · 7	8 · 8	8 · 9	8 · 10
9 · 1	9 · 2	9 · 3	9 · 4	9 · 5	9 · 6	9 · 7	9 · 8	9 · 9	9 · 10
10 · 1	10 · 2	10 · 3	10 · 4	10 · 5	10 · 6	10 · 7	10 · 8	10 · 9	10 · 10

1 Schreibe die Aufgaben in den Fenstern in dein Heft. Rechne.

2 Schreibe die fehlenden Aufgaben in dein Heft. Rechne.

a) 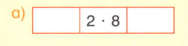   b)   c) 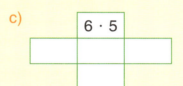   d)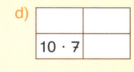

e) 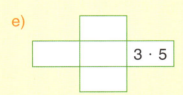   f) 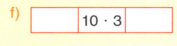   g)    h)

3 Rechne.

a) 2 · 4   b) 10 · 5   c) 8 · 1   d) 7 · 5   e) 6 · 3
   3 · 4   10 · 6   4 · 1   6 · 5   3 · 3
   4 · 4   10 · 7   4 · 2   5 · 5   3 · 6

4 Schreibe in dein Heft. Rechne.

a) __ · 10 = 100   b) 4 · __ = 12   c) __ · 5 = 5
   1 · __ = 9   3 · __ = 12   7 · __ = 14
   10 · __ = 20   __ · 6 = 12   __ · 5 = 35

5 Das kleine Einmaleins hat hundert Malaufgaben.
Nimm eine Hundertertafel und kreise alle Ergebniszahlen ein.
Gibt es hundert verschiedene Ergebniszahlen? Begründe.

Tabelle der 100 Einmaleinsaufgaben als Sortier- und Merkhilfe für die Aufgaben des kleinen Einmaleins nutzen;
Strategien zur Berechnung von Malaufgaben an der Einmaleinstabelle verdeutlichen.
Die Seite kann zur Lernstandsanzeige genutzt werden.

Einmaleins mit Leonardo

Einmaleins der 10

Diese Kernaufgaben helfen.

1 Male Malfelder zu den Kernaufgaben. Rechne.

| 1 · 10 | 2 · 10 | 5 · 10 | 10 · 10 |

2 Rechne.

a) 1 · 10   b) 2 · 10   c) 5 · 10   d) 5 · 10   e) 10 · 10
   2 · 10   3 · 10   6 · 10   4 · 10   9 · 10
   3 · 10   4 · 10   7 · 10   3 · 10   8 · 10

3 Schreibe passende Malaufgaben. Rechne.

a)   b)   c)

   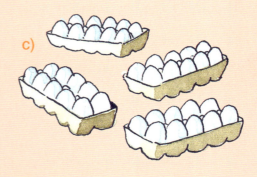

4 Rechne.

a) 1 · 10   b) 2 · 10   c) 3 · 10   d) 5 · 10   e) 10 · 10
   2 · 10   4 · 10   6 · 10   2 · 10   5 · 10
   4 · 10   8 · 10   9 · 10   7 · 10   0 · 10

5 Schreibe Malaufgaben zu den Ergebniszahlen.

| 20 | 30 | 50 | 0 | 100 | 60 | 40 |

6 Rechne.

a) __ · 10 = 20   b) __ · 10 = 70   c) __ · 10 = 80   d) __ · 10 = 90   e) __ · 10 = 0
   __ · 10 = 50   __ · 10 = 10   __ · 10 = 40   __ · 10 = 60   __ · 10 = 10
   __ · 10 = 100   __ · 10 = 60   __ · 10 = 20   __ · 10 = 30   __ · 10 = 100

7 Kreise in einer Hundertertafel die Ergebniszahlen der Zehner-Reihe ein.

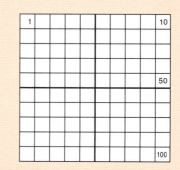

Kernaufgaben automatisieren. Nachbaraufgaben lösen. Einmaleinsaufgaben unter Ausnutzung von Beziehungen lösen. Malaufgaben zu Bildsituationen schreiben. In Zahlenreihen Muster und Gesetzmäßigkeiten entdecken.

Einmaleins mit Leonardo

Einmaleins der 5

1 Male Malfelder zu den Kernaufgaben. Rechne.

| 1 · 5 | 2 · 5 | 5 · 5 | 10 · 5 |

2 Rechne.

a) 1 · 5
2 · 5
3 · 5

b) 2 · 5
3 · 5
4 · 5

c) 5 · 5
6 · 5
7 · 5

d) 5 · 5
4 · 5
3 · 5

e) 10 · 5
9 · 5
8 · 5

3 Schreibe passende Malaufgaben. Rechne.

a)    b)   c)

4 Rechne.

a) 1 · 5
2 · 5
4 · 5

b) 2 · 5
4 · 5
8 · 5

c) 3 · 5
6 · 5
9 · 5

d) 5 · 5
2 · 5
7 · 5

e) 10 · 5
5 · 5
0 · 5

5 Schreibe Malaufgaben zu den Ergebniszahlen.

| 45 | 35 | 25 | 40 | 30 | 0 | 20 |

6 Rechne.

a) __ · 5 = 20
__ · 5 = 25
__ · 5 = 30

b) __ · 5 = 15
__ · 5 = 40
__ · 5 = 35

c) __ · 5 = 10
__ · 5 = 45
__ · 5 = 50

d) __ · 5 = 40
__ · 5 = 30
__ · 5 = 20

e) __ · 5 = 0
__ · 5 = 5
__ · 5 = 50

7 Kreise in einer Hundertertafel die Ergebniszahlen der Fünfer-Reihe ein. Welche Ziffern stehen an der Einerstelle der Ergebniszahlen? Schreibe auf.

8 Vergleiche das Muster der Zehner-Reihe mit dem Muster der Fünfer-Reihe.

Kernaufgaben automatisieren. Nachbaraufgaben lösen. Einmaleinsaufgaben unter Ausnutzung von Beziehungen lösen. Malaufgaben zu Bildsituationen schreiben. In Zahlenreihen Muster und Gesetzmäßigkeiten entdecken.

57

Das Jahr und der Kalender

1. Erzähle zum Jahreskreis.
2. Welche Monate gehören zum Frühling?
3. Wie viele Tage hat der März?
4. Macht eigene Ketten zu den Monaten.
5. Zeige am Jahreskreis: 15. Mai, 30. Januar, 2.3., 1.7.
6. Wann ist dein Geburtstag? Zeige am Jahreskreis.

Die zwölf Monate des Jahres im Jahreskreis benennen und ihnen Ordnungszahlen zuordnen; den Monaten entsprechende Anzahlen von Tagen zuordnen. Sich im Jahreskreis orientieren und dazu erzählen.

Das Jahr und der Kalender

Das Datum

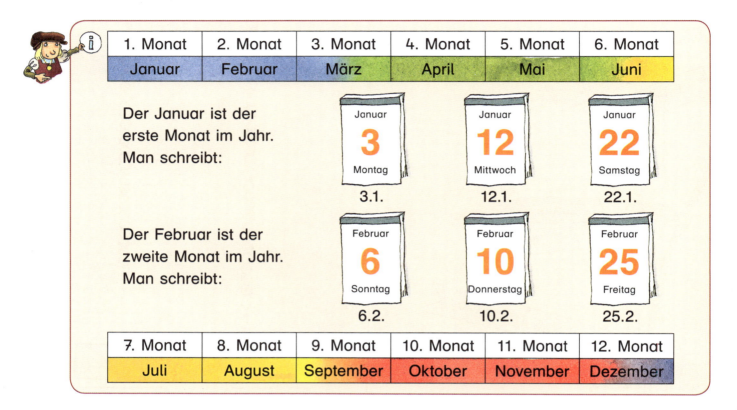

1 Schreibe das Datum kürzer auf.

a) 4. Februar
7. April
9. Januar
1. August

b) 16. Juli
21. März
17. Mai
28. Oktober

c) 31. Dezember
18. November
6. Juni
20. Oktober

S. 60, Nr. 1
a) 4. Februar   4. 2.

2 Schreibe das Datum mit Monatsnamen.

a) 8.2.
6.4.
2.6.

b) 5.8.
16.7.
23.10.

c) 14.3.
26.9.
10.12.

d) 18.1.
15.5.
11.11.

e) 3.2.
2.3.
3.12.

3 Gib den Wochentag und das Datum an.

Stell dir vor: Heute ist Samstag, der 8. Januar oder der 8.1.

a) Morgen ist Sonntag, der __ Januar oder der __ 1.
b) Gestern war ...
c) In drei Tagen ist ...
d) In sieben Tagen ist ...
e) Vor fünf Tagen war ...

Verschiedene Schreibweisen des Datums üben. Daten aus dem Kalender ablesen.

Das Jahr und der Kalender

Tage, Wochen und Monate

1 Woche hat 7 Tage. $1 \cdot 7 = 7$
2 Wochen haben 14 Tage. $2 \cdot 7 = 14$
3 Wochen haben 21 Tage. $3 \cdot 7 = 21$
4 Wochen haben 28 Tage. $4 \cdot 7 = 28$

März
Mo	Di	Mi	Do	Fr	Sa	So
				1	2	3	4	5	6
7	8	9	10	11	12	13
14	15	16	17	18	19	20
21	22	23	24	25	26	27
28	29	30	31			

1 Wie viele Tage sind es?

a) 2 Wochen
   4 Wochen
   5 Wochen

b) 1 Woche
   1 Woche und 3 Tage
   3 Wochen

c) 0 Wochen und 4 Tage
   2 Wochen und 2 Tage
   3 Wochen und 1 Tag

2 Wie viele Tage sind es?

a) 1 Woche und 5 Tage
   2 Wochen und 0 Tage
   4 Wochen und 3 Tage

b) 3 Wochen und 2 Tage
   2 Wochen und 6 Tage
   4 Wochen und 2 Tage

c) 4 Wochen und 4 Tage
   2 Wochen und 5 Tage
   3 Wochen und 5 Tage

3 Wie viele Wochen und Tage sind es?

a) 4 Tage
   7 Tage
   18 Tage

b) 9 Tage
   11 Tage
   30 Tage

c) 17 Tage
   21 Tage
   28 Tage

d) 22 Tage
   2 Tage
   16 Tage

e) 24 Tage
   15 Tage
   34 Tage

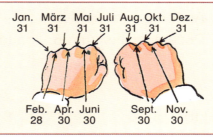

Mit der Faustregel kannst du feststellen, wie viele Tage ein Monat hat.

4 Wie viele Tage hat der April?

5 a) Schreibe alle Monate mit 30 Tagen auf.
     b) Schreibe alle Monate mit 31 Tagen auf.

6 a) Welcher Monat kommt vor September?
     b) Wie heißt der siebte Monat, wie heißt der zehnte Monat?
     c) Welche Monate liegen zwischen Juni und Februar?

Eine Anzahl von Wochen und Tagen in Tage umrechnen und umgekehrt. Reihenfolge der Monate und Monatslängen kennen.

Das Jahr und der Kalender

Der Kalender

Januar	Februar	März	April	Mai	Juni
Mo Di Mi Do Fr Sa So	Mo Di Mi Do Fr Sa So	Mo Di Mi Do Fr Sa So	Mo Di Mi Do Fr Sa So	Mo Di Mi Do Fr Sa So	Mo Di Mi Do Fr Sa So
1 2	1 2 3 4 5 6	1 2 3 4 5 6	1 2 3	1	1 2 3 4 5
3 4 5 6 7 8 9	7 8 9 10 11 12 13	7 8 9 10 11 12 13	4 5 6 7 8 9 10	2 3 4 5 6 7 8	6 7 8 9 10 11 12
10 11 12 13 14 15 16	14 15 16 17 18 19 20	14 15 16 17 18 19 20	11 12 13 14 15 16 17	9 10 11 12 13 14 15	13 14 15 16 17 18 19
17 18 19 20 21 22 23	21 22 23 24 25 26 27	21 22 23 24 25 26 27	18 19 20 21 22 23 24	16 17 18 19 20 21 22	20 21 22 23 24 25 26
24 25 26 27 28 29 30	28	28 29 30 31	25 26 27 28 29 30	23 24 25 26 27 28 29	27 28 29 30
31				30 31	

Juli	August	September	Oktober	November	Dezember
Mo Di Mi Do Fr Sa So	Mo Di Mi Do Fr Sa So	Mo Di Mi Do Fr Sa So	Mo Di Mi Do Fr Sa So	Mo Di Mi Do Fr Sa So	Mo Di Mi Do Fr Sa So
1 2 3	1 2 3 4 5 6 7	1 2 3 4	1 2	1 2 3 4 5 6	1 2 3 4
4 5 6 7 8 9 10	8 9 10 11 12 13 14	5 6 7 8 9 10 11	3 4 5 6 7 8 9	7 8 9 10 11 12 13	5 6 7 8 9 10 11
11 12 13 14 15 16 17	15 16 17 18 19 20 21	12 13 14 15 16 17 18	10 11 12 13 14 15 16	14 15 16 17 18 19 20	12 13 14 15 16 17 18
18 19 20 21 22 23 24	22 23 24 25 26 27 28	19 20 21 22 23 24 25	17 18 19 20 21 22 23	21 22 23 24 25 26 27	19 20 21 22 23 24 25
25 26 27 28 29 30 31	29 30 31	26 27 28 29 30	24 25 26 27 28 29 30	28 29 30	26 27 28 29 30 31
			31		

1 Zeige am Kalender. Gib den Wochentag an.

a) 27.3.   b) 19.6.   c) 18.10.   d) 2.8.   e) 5.1.   f) 16.9.
    12.2.   19.8.   23.5.   8.9.   24.12.   21.11.

2 Ordne die Daten nach der Reihenfolge im Jahr.

12.9., 8.7., 31.5., 9.12., 17.4., 3.4., 1.11., 21.9.

3 Wie viele Tage dauert es?

a) Vom 4. März bis zum 10. März.   b) Vom 6. Oktober bis zum 20. Oktober.
c) Vom 20. April bis zum 29. April.   d) Vom 13. Januar bis zum 31. Januar.
e) Vom 29. April bis zum 3. Mai.   f) Vom 23. August bis zum 23. Oktober.
g) Vom 24. Dezember bis zum 6. Januar.   h) Vom 2. März bis zum 3. April.

4 Rechne.

a) 5 + __ = 10   b) 16 − __ = 7   c) 8 + __ = 19   d) 31 − __ = 30   e) 100 − __ = 89
    9 + __ = 15   17 − __ = 14   5 + __ = 14   25 − __ = 21   100 − __ = 1
    7 + __ = 20   28 − __ = 21   2 + __ = 11   42 − __ = 12   100 − __ = 20

5 Am Samstag, dem 7. Mai, sagt Amal: „In zehn Tagen habe ich Geburtstag."

a) An welchem Wochentag und welchem Datum hat Amal Geburtstag?
b) Felix ist zwölf Tage jünger als Amal. Wann hat er Geburtstag?

Kalender lesen und als Hilfsmittel einsetzen. Daten ordnen. Zeitdauern bestimmen. Sachaufgaben zu Zeitangaben lösen.

Das Jahr und der Kalender

Kreuz und quer im Kalender

1
a) Wie viele Monate hat ein Jahr?
b) Wie viele Monate haben 31 Tage?
c) Wie viele Monate haben 30 Tage?
d) Wie viele Monate haben 28 oder 29 Tage?
e) Welcher Monatsname hat am wenigsten Buchstaben?
f) Welche Monate haben ein „r" in ihrem Namen?

2
a) Wie heißen die vier Jahreszeiten?
b) Welche Jahreszeit ist im Mai?
c) Welche Jahreszeit kommt nach dem Sommer?
d) In welcher Jahreszeit ist Silvester?
e) In welchen Jahreszeiten hast du Ferien?

3 Welcher Monat kommt vor dem März, welcher danach?

4 Schau nach, in welchem Monat der 13. ein Freitag ist.

5 In welchen Monaten kommt der Sonntag in diesem Jahr genau viermal vor?

6 Gib den Wochentag und das Datum an.

a) Heute ist Montag, der 7.2. In vier Tagen ist ...
b) Heute ist Mittwoch, der 12.1. In zehn Tagen ist ...
c) Heute ist Dienstag, der 18.10. In einer Woche ist ...
d) Heute ist Freitag, der 12.8. In drei Wochen ist ...
e) Heute ist Samstag, der 26.3. Vor sechs Tagen war ...
f) Heute ist Montag, der 14.2. Vor 15 Tagen war ...

> S. 63, Nr. 6
> a)   Freitag, der 11.2.

7 Untersuche das Kalenderblatt. Welchen Tag findest du?

a) Starte am 22. Gehe zwei Zeilen nach oben.
b) Starte am 10. Gehe fünf Spalten nach rechts.
c) Starte am 2. Gehe vier Spalten nach rechts und drei Zeilen nach unten.
d) Starte am 24. Gehe eine Zeile nach oben und vier Spalten nach rechts.
e) Starte am 15. Gehe drei Tage weiter.

Sich im Kalender orientieren, zum Teil im aktuellen Kalender; mit Hilfe von Datumsangaben Zeitpunkte bestimmen.

Das Jahr und der Kalender

Haltbarkeitsdaten

1 Stell dir vor: Die Lebensmittel werden am 4.1.2011 eingekauft.

a) Lies die Haltbarkeitsdaten ab.
b) Was ist noch lange haltbar?
c) Was muss bald verbraucht werden?
d) Ordne die Lebensmittel nach ihrer Haltbarkeit. Schreibe so: 1. Käse, 2. ...

2 Lies die Haltbarkeitsdaten ab. Erkläre.

3 Sammle Haltbarkeitsdaten und ordne sie.

4 Stell dir vor: Heute ist der 13. Februar.
Bis wann sind die Lebensmittel haltbar? Gib das Datum an.

a) Jogurt: noch zehn Tage
b) Hackfleisch: noch null Tage
c) Salami: noch zwei Wochen
d) Käse: noch 18 Tage

5 Ordne nach der Zeitdauer. Beginne mit der kürzesten Zeitdauer.

a) 4 Tage, 2 Wochen, 18 Tage, 2 Wochen und 3 Tage, 10 Tage, 1 Woche und 2 Tage
b) 22 Tage, 3 Wochen, 17 Tage, 2 Wochen und 2 Tage, 27 Tage, 3 Wochen und 4 Tage
c) 9 Tage, 4 Wochen, 23 Tage, 3 Wochen und 2 Tage, 12 Tage, 4 Wochen und 3 Tage

Haltbarkeitsdaten von Lebensmitteln untersuchen und Unterschiede bei Haltbarkeitsdaten besprechen;
Besonderheiten bei der Notation des Datums erkennen und erklären.

Das Jahr und der Kalender

Zeit-Meister

1 Schreibe das Datum kürzer auf.

a) 3. Oktober
   1. November

b) 25. Dezember
   6. Januar

c) 13. März
   26. Juli

2 Schreibe mit Monatsnamen.

a) 9.3.
   12.8.

b) 21.1.
   7.5.

c) 4.4.
   5.7.

d) 30.9.
   14.2.

3 Gib den Wochentag und das Datum an.
Stell dir vor: Heute ist Donnerstag, der 11.8.

a) Morgen ist ...
b) In drei Tagen ist ...
c) Vor acht Tagen war ...
d) In neun Tagen ist ...
e) Vor elf Tagen war ...
f) In drei Wochen ist ...

4 Wie viele Tage sind es?

a) 2 Wochen
   4 Wochen

b) 1 Woche und 3 Tage
   2 Wochen und 5 Tage

c) 3 Wochen und 2 Tage
   0 Wochen und 6 Tage

5 Wie viele Wochen und Tage sind es?

a) 17 Tage
   21 Tage

b) 5 Tage
   0 Tage

c) 27 Tage
   22 Tage

6 Ordne nach der Zeitdauer. Beginne mit der kürzesten Zeitdauer.

| 12 Tage | 5 Wochen | 4 Tage | 2 Wochen und 4 Tage | 19 Tage |

7 a) Welche aufeinander folgenden Monate haben genau 31 Tage?
b) Welcher Monat ist der kürzeste?
c) Welche Monate liegen zwischen Juli und Dezember?
d) Wie viele Monatsnamen haben vier Buchstaben?

8 Jünger oder älter? Schreibe auf.

a) Sina hat am 30.6. Geburtstag, Lea am 10.12.
   Beide sind im gleichen Jahr geboren.
b) Amal und Felix haben im gleichen Monat Geburtstag.
   Felix hat am 29.5. Geburtstag.
   Amal ist 12 Tage vor ihm geboren.

Alle wesentlichen Aspekte des Kapitels auf mittlerem Schwierigkeitsniveau wiederholen.
Die Seite kann zur Lernstandsanzeige genutzt werden.

Einmaleins mit Leonardo

Einmaleins der 2

Diese Kernaufgaben helfen.

1 Male Malfelder zu den Kernaufgaben. Rechne.

1 · 2   2 · 2   5 · 2   10 · 2

2 Rechne.

a) 1 · 2
2 · 2
3 · 2

b) 2 · 2
3 · 2
4 · 2

c) 5 · 2
6 · 2
7 · 2

d) 5 · 2
4 · 2
3 · 2

e) 10 · 2
9 · 2
8 · 2

3 Schreibe passende Malaufgaben. Rechne.

a) Zehn Kinder drucken beide Hände auf ein Plakat. Wie viele Handabdrücke gibt es?
b) Max und Jonas schauen gemeinsam in einen Spiegel. Wie viele Augen sieht jeder?
c) 7 Kinder strecken beide Arme in die Höhe. Wie viele Arme sind zu sehen?
d) Amal, Sina, Elena und Tim machen Sackhüpfen. Wie viele Beine sind versteckt?

4 Rechne.

a) 1 · 2
2 · 2
4 · 2

b) 2 · 2
4 · 2
8 · 2

c) 3 · 2
6 · 2
9 · 2

d) 5 · 2
2 · 2
7 · 2

e) 10 · 2
5 · 2
0 · 2

5 Schreibe Malaufgaben zu den Ergebniszahlen.

4   10   0   18   12   14   6   2   20

6 Rechne.

a) __ · 2 = 20
__ · 2 = 18
__ · 2 = 14

b) __ · 2 = 10
__ · 2 = 2
__ · 2 = 12

c) __ · 2 = 16
__ · 2 = 8
__ · 2 = 4

d) __ · 2 = 6
__ · 2 = 12
__ · 2 = 18

7 Kreise in einer Hundertertafel die Ergebniszahlen der Zweier-Reihe ein. Welche Ziffern stehen an der Einerstelle der Ergebniszahlen? Schreibe auf.

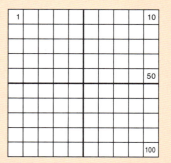

Einmaleins mit Leonardo

Einmaleins der 4

1 Male Malfelder zu den Kernaufgaben. Rechne.

1 · 4   2 · 4   5 · 4   10 · 4

2 Rechne.

a) 1 · 4   b) 2 · 4   c) 5 · 4   d) 5 · 4   e) 10 · 4
   2 · 4   3 · 4   6 · 4   4 · 4   9 · 4
   3 · 4   4 · 4   7 · 4   3 · 4   8 · 4

3 Schreibe passende Malaufgaben. Rechne.

a) Im Pferdestall stehen fünf Pferde.
   Wie viele Hufe muss der Schmied überprüfen?
b) Bei drei Pferden müssen die Hufeisen erneuert werden.
c) Im Stall sind vier Kühe und drei Schweine.
   Wie viele Tierbeine sind es?

4 Rechne.

a) 1 · 4   b) 2 · 4   c) 3 · 4   d) 5 · 4   e) 10 · 4
   2 · 4   4 · 4   6 · 4   2 · 4   5 · 4
   4 · 4   8 · 4   9 · 4   7 · 4   0 · 4

5 Schreibe Malaufgaben zu den Ergebniszahlen.

8   20   0   36   24   28   12   4   40

6 Rechne.

a) __ · 4 = 40   b) __ · 4 = 20   c) __ · 4 = 32   d) __ · 4 = 12
   __ · 4 = 36   __ · 4 = 4   __ · 4 = 16   __ · 4 = 24
   __ · 4 = 28   __ · 4 = 24   __ · 4 = 8   __ · 4 = 36

7 Kreise in einer Hundertertafel die Ergebniszahlen der Vierer-Reihe ein.

8 Vergleiche das Muster der Zweier-Reihe mit dem Muster der Vierer-Reihe.

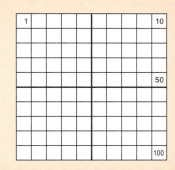

Kernaufgaben automatisieren. Nachbaraufgaben lösen. Einmaleinsaufgaben unter Ausnutzung von Beziehungen lösen. Sachaufgaben lösen. In Zahlenreihen Muster und Gesetzmäßigkeiten entdecken.

Grußkarten

Grußkarten beschreiben, Besonderheiten der einzelnen Karten benennen. Herstellung der symmetrischen Figuren und Muster beschreiben. Eigene Karten mit symmetrischen Mustern oder Ornamenten herstellen.

Grußkarten

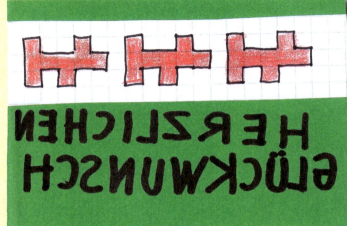
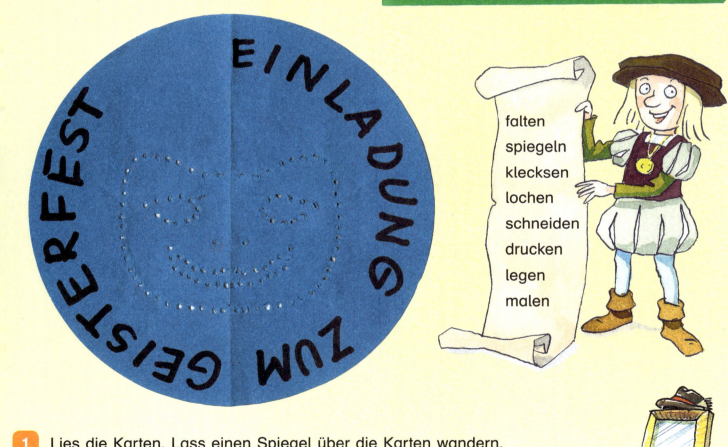

falten
spiegeln
klecksen
lochen
schneiden
drucken
legen
malen

1 Lies die Karten. Lass einen Spiegel über die Karten wandern.

2 Schreibe Wörter in Spiegelschrift.

3 Ordne die Tätigkeiten den Grußkarten zu.

4 Suche dir eine Karte aus. Erkläre, wie sie hergestellt wurde.

In Spiegelschrift lesen und schreiben. Herstellungsprotokoll für eine Karte erstellen.

Grußkarten

Spiegelsymmetrische Figuren und Gegenstände

Das Herz hat eine **Spiegellinie**.
Der Spiegel zeigt die andere Hälfte.
Aus einem halben Herz wird ein ganzes Herz.
Das Herz ist **spiegelsymmetrisch**.

Spiegellinie

1 Stelle einen Spiegel auf die Spiegellinie. Was siehst du?

a)   b)   c)   d)  e)

2 Schreibe spiegelsymmetrische Buchstaben und Ziffern auf.

3 Welche Gegenstände sind spiegelsymmetrisch? Zeige die Spiegellinien.

A  B  C  D  E

4 Suche Gegenstände, die spiegelsymmetrisch sind. Schreibe und male.

5 Spanne auf dem Geobrett nach. Spanne das Spiegelbild.

a) 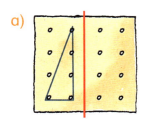 b) 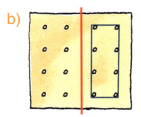 c) 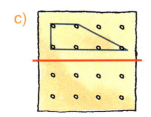 d)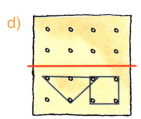

6 Male ab. Spiegele. Male das Spiegelbild. Achte auf die Farben.

a) 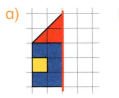 b) 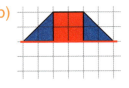 c) 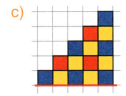 d)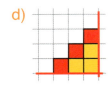

Bei Figuren, Zeichen, Mustern und Abbildungen von Gegenständen Spiegellinien erkennen.
Figuren spiegelsymmetrisch ergänzen.

Grußkarten

Spiegeln und verdoppeln

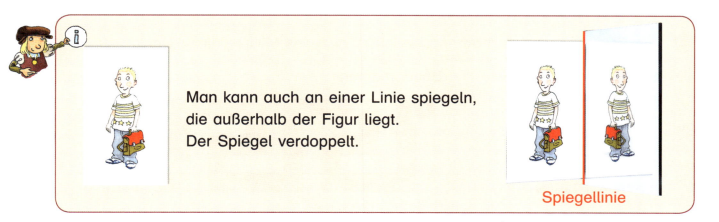

Man kann auch an einer Linie spiegeln, die außerhalb der Figur liegt.
Der Spiegel verdoppelt.

Spiegellinie

1 Falte und zerschneide Quadrate. Es sollen kleine Quadrate und Dreiecke entstehen. Lege nach. Lege das Spiegelbild.

a) 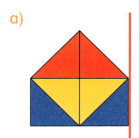　　b) 　　c)

2 Lege eigene Figuren und ihr Spiegelbild.

3 Spanne auf dem Geobrett nach. Spanne auf ein zweites Geobrett das Spiegelbild.

a) 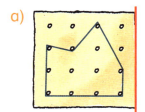　b) 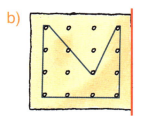　c) 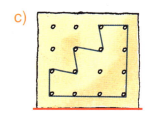　d)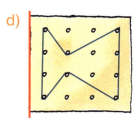

4 Lege mit Plättchen nach. Spiegele so, dass du folgende Anzahlen siehst:

a) 10 Plättchen　b) 2 Plättchen　c) 4 Plättchen
d) 1 Plättchen　e) 0 Plättchen　f) 7 Plättchen

5 Lege eine Figur mit fünf Plättchen oder Würfeln.
Ein anderes Kind legt das Spiegelbild.
Wechselt ab.

Erzeugen von Spiegelsymmetrie durch Spiegellinien außerhalb der Figur. Aus sechs Quadraten (mit der Seitenlänge 10 cm) Rechtecke, Dreiecke und kleine Quadrate (wie auf Seite 38) falten und schneiden. Kopiervorlage Geobrett (Lehrerhandbuch) einsetzen.

71

Grußkarten

Bandornamente

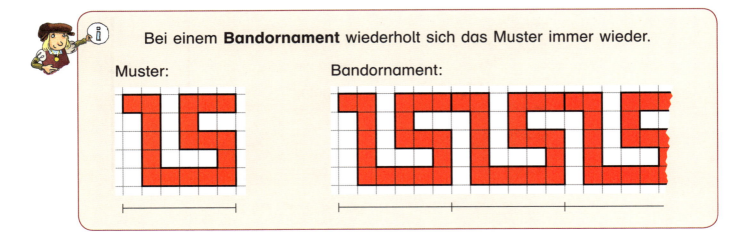

Bei einem **Bandornament** wiederholt sich das Muster immer wieder.

Muster: Bandornament:

1 Beschreibe das Muster. Male das Bandornament in dein Heft.

a) 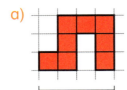   b) 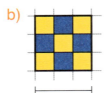   c) 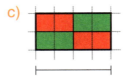   d) 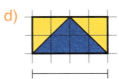   e)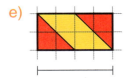

2 Beschreibe das Bandornament. Male das Muster in dein Heft.

a)    b)    c)

3 Welches der beiden Bandornamente bekommst du aus dem Muster? Erkläre.

Muster   Bandornament A   Bandornament B

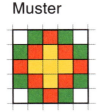   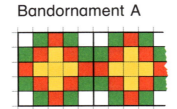   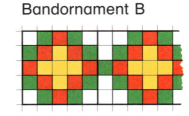

4 a) Stelle das Fischmuster mehrmals her.
Lege und male das Bandornament.
b) Die Fische sollen in die andere Richtung schwimmen.
Lege und male.

5 Stelle ein eigenes Bandornament her und schmücke damit eine Karte.

6 Suche Bandornamente in deiner Umgebung. Schreibe auf, wo du sie gefunden hast.

Bandornamente durch Legen, Umfahren von Schablonen oder Aufkleben von Grundelementen (Mustern) herstellen.
Bandornamente zeichnen; Grundelemente (Muster) beschreiben. Bandornamente in der Umwelt entdecken.

Grußkarten

Parkettierungen

Bei einer **Parkettierung** wiederholt sich das Muster in alle Richtungen.

Muster: Parkettierung:

1 Stelle eins der Muster mehrmals her. Lege ein Parkett.
Finde verschiedene Möglichkeiten.

2 Beschreibe die Parkettierung. Male das Muster in dein Heft.

a) 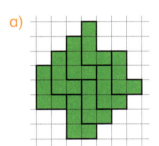   b) 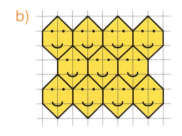   c)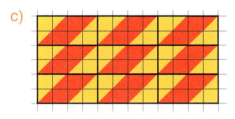

3 Welche der beiden Parkettierungen bekommst du aus diesem Muster? Erkläre.

Muster   Parkettierung A 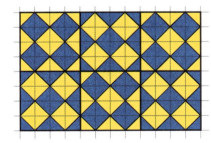   Parkettierung B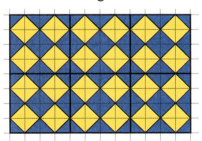

4 Stelle eigene Parkettierungen her und schmücke damit eine Karte.

5 Suche Parkettierungen in deiner Umgebung. Schreibe auf, wo du sie gefunden hast.

Parkettierungen durch Legen und Umfahren von Schablonen oder Aufkleben von Grundelementen (Mustern) herstellen. Auf die Parkettierung mit einem Grundelement beschränken. Lückenlosigkeit und Überlappungsfreiheit beachten. Parkettierungen zeichnen; Grundelemente (Muster) beschreiben. Parkettierungen in der Umwelt entdecken.

Grußkarten

Basteln für Grußkarten

1 Falte und schneide.

a)
b)
c)
d)

2 Male das Muster ab. Setze es zu einem Bandornament fort.

a) b) c)

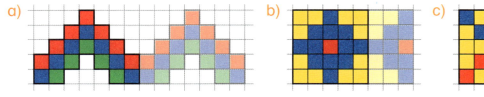

3 Du brauchst Papierstreifen und einen Nagel.

a) Falte einmal. Steche ein Loch. Klappe auf. Was erhältst du?
b) Falte zweimal. Steche ein Loch. Klappe auf.
   Ist das Bild spiegelsymmetrisch?
c) Falte dreimal oder viermal. Steche dann ein Loch.
d) Falte anders und steche ein Loch.
   Vergleiche mit den anderen Streifen.

Faltanleitungen lesen. Spiegellinien bei den entstandenen Figuren zeigen; erkennen, dass die Figuren mehrere Spiegellinien haben. Das Entstehen von Symmetrie beim Falten und Lochen untersuchen. Für jede Teilaufgabe neue Papierstreifen verwenden. Statt eines Nagels kann auch eine Prickelnadel verwendet werden.

Grußkarten

Spiegeleien

1 Sind die Bilder spiegelsymmetrisch? Schreibe den passenden Buchstaben auf.
Wie heißt das Lösungswort?

ja: S nein: M   ja: O nein: E   ja: C nein: H   ja: R nein: H

ja: M nein: G   ja: U nein: A   ja: L nein: T

2 Lege die Figur nach. Lege auch das Spiegelbild.

a)    b) 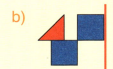   c) 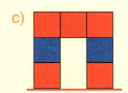   d)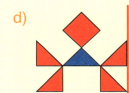

3 Stelle einen Spiegel passend auf das Bild.

a) Du siehst kein Fahrrad.
b) Du siehst nur zwei Vorderräder.
c) Du siehst nur zwei Hinterräder.
d) Du siehst zwei Fahrräder.
e) Du siehst ein geknicktes Fahrzeug.

4 Male das Muster ab. Setze es zu einem Bandornament fort.

a) 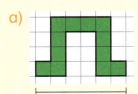   b) 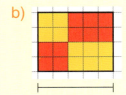   c)

5 Lies die Karte von Lea. Schreibe selbst in Spiegelschrift.

> ,XAM REBEIL
> TIM RHU 15 MU ETUEH MMOK
> AEL .RIM UZ LEGEIPS MENIE

Die wesentlichen Aspekte des Kapitels auf mittlerem Schwierigkeitsniveau wiederholen. Spielerisches Umgehen mit dem Spiegel, Erzeugen von „Unsinnbildern". Die Seite kann zur Lernstandsanzeige genutzt werden.

Einmaleins mit Leonardo

Einmaleins der 3

"Diese Kernaufgaben helfen."

1 Male Malfelder zu den Kernaufgaben. Rechne.

| 1 · 3 | 2 · 3 | 5 · 3 | 10 · 3 |

2 Rechne.

a) 1 · 3
   2 · 3
   3 · 3

b) 2 · 3
   3 · 3
   4 · 3

c) 5 · 3
   6 · 3
   7 · 3

d) 5 · 3
   4 · 3
   3 · 3

e) 10 · 3
   9 · 3
   8 · 3

3 Wie viele Hölzer sind es? Schreibe passende Malaufgaben. Rechne.

a)

b)

c)

4 Rechne.

a) 1 · 3
   2 · 3
   4 · 3

b) 2 · 3
   4 · 3
   8 · 3

c) 3 · 3
   6 · 3
   9 · 3

d) 5 · 3
   2 · 3
   7 · 3

e) 10 · 3
   5 · 3
   0 · 3

5 Schreibe Malaufgaben zu den Ergebniszahlen.

| 12 | 9 | 24 | 0 | 15 | 21 | 30 | 18 | 27 |

6 Rechne.

a) __ · 3 = 30
   __ · 3 = 18
   __ · 3 = 21

b) __ · 3 = 15
   __ · 3 = 3
   __ · 3 = 9

c) __ · 3 = 24
   __ · 3 = 12
   __ · 3 = 6

d) __ · 3 = 0
   __ · 3 = 9
   __ · 3 = 27

e) __ · 3 = 6
   __ · 3 = 15
   __ · 3 = 24

7 a) Hüpfe die Dreier-Reihe vorwärts. Schreibe so: 0, 3, ...
   b) Hüpfe die Dreier-Reihe rückwärts. Schreibe so: 30, 27, ...

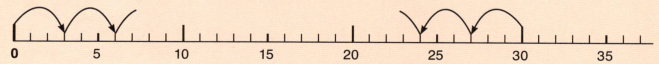

Einmaleins mit Leonardo

Einmaleins der 6

1 Male Malfelder zu den Kernaufgaben. Rechne.

| 1 · 6 | 2 · 6 | 5 · 6 | 10 · 6 |

2 Rechne.

a) 1 · 6
2 · 6
3 · 6

b) 2 · 6
3 · 6
4 · 6

c) 5 · 6
6 · 6
7 · 6

d) 5 · 6
4 · 6
3 · 6

e) 10 · 6
9 · 6
8 · 6

3 Schreibe passende Malaufgaben. Rechne.

a) Auf einer Heckenrose sitzen vier Marienkäfer. Wie viele Beine sind es insgesamt?
b) Zwei von sechs Marienkäfern fliegen weg. Wie viele Beine sind in der Luft?
c) Fünf Marienkäfer laufen hintereinander her. Wie viele Beine sind es?

4 Rechne.

a) 1 · 6
2 · 6
4 · 6

b) 2 · 6
4 · 6
8 · 6

c) 3 · 6
6 · 6
9 · 6

d) 5 · 6
2 · 6
7 · 6

e) 10 · 6
5 · 6
0 · 6

5 Schreibe Malaufgaben zu den Ergebniszahlen.

| 18 | 0 | 24 | 6 | 36 | 48 | 30 | 12 | 54 |

6 Rechne.

a) __ · 6 = 30
__ · 6 = 18
__ · 6 = 24

b) __ · 6 = 42
__ · 6 = 6
__ · 6 = 12

c) __ · 6 = 24
__ · 6 = 48
__ · 6 = 60

d) __ · 6 = 0
__ · 6 = 12
__ · 6 = 36

e) __ · 6 = 54
__ · 6 = 48
__ · 6 = 42

7 a) Hüpfe die Sechser-Reihe vorwärts. Schreibe so: 0, 6, ...
b) Hüpfe die Sechser-Reihe rückwärts. Schreibe so: 60, 54, ...

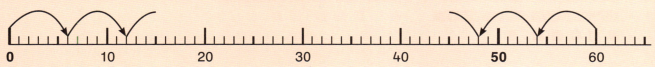

Kernaufgaben automatisieren. Nachbaraufgaben lösen. Einmaleinsaufgaben unter Ausnutzung von Beziehungen lösen. Sachaufgaben lösen. Sechser-Reihe am Zahlenstrahl (Kopiervorlage) zeigen.

Weiter mit Plus und Minus

36 + 27

Station 1: Zehnerstangen und Einerwürfel legen

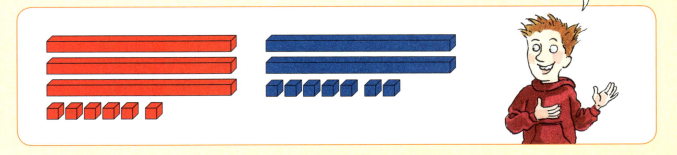

Wie schiebe ich zusammen?

Station 2: Mit Geld rechnen

Station 3: Am Zahlenstrahl zeigen

Station 4: Streifen und Plättchen legen

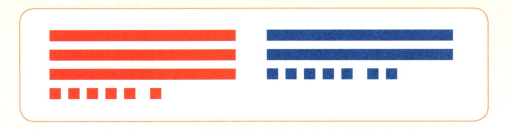

Addition von zweistelligen Zahlen mit Zehnerübergang mit Material zeigen, passend tauschen; Höhe des Ergebnisses abschätzen; Rechenwege notieren, besprechen und vergleichen. Zehnerstreifen und Plättchen (Buchbeilage) einsetzen.

Weiter mit Plus und Minus

45 − 28

Station 1: Zehnerstangen und Einerwürfel legen

Ich muss eine Stange gegen Würfel tauschen.

Station 2: Mit Geld rechnen

Wir müssen Münzen wechseln.

Station 3: Am Zahlenstrahl zeigen

Station 4: Streifen und Plättchen legen

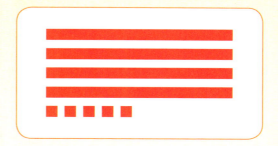

1. Arbeitet an verschiedenen Stationen.
2. Zeigt und erklärt, was ihr gemacht habt.
3. Notiert eure Rechenwege.

Subtraktion von zweistelligen Zahlen mit Zehnerübergang mit Material zeigen, passend wechseln; Höhe des Ergebnisses abschätzen; Rechenwege notieren, besprechen und vergleichen. Zehnerstreifen und Plättchen (Buchbeilage) einsetzen.

Weiter mit Plus und Minus

Addieren auf verschiedenen Wegen

Zu jeder Plusaufgabe gibt es verschiedene Rechenwege.
So kannst du Rechenwege aufschreiben:

36 + 27

36 + 27 = 63
36 + 20 = 56
56 + 7 = 63

oder

36 + 27 = 63
30 + 20 = 50
6 + 7 = 13

oder

36 + 27 = 63
36 + 7 = 43
43 + 20 = 63

Es geht auch anders.

1 Probiere die Rechenwege aus. Lege. Schreibe in dein Heft.

a) 35 + 26 = ___
35 + 20 = ___
55 + ___ = ___

b) 58 + 32 = ___
50 + 30 = ___
8 + ___ = ___

c) 46 + 38 = ___
46 + 8 = ___
54 + ___ = ___

2 Schreibe deinen Rechenweg auf.

a) 45 + 24
   34 + 26
   78 + 21

b) 37 + 34
   49 + 32
   51 + 31

c) 50 + 48
   66 + 30
   59 + 17

d) 41 + 19
   53 + 18
   65 + 25

e) 29 + 56
   54 + 38
   49 + 49

3 Rechne.

a) 42 + 30 + 7
   26 + 60 + 3

b) 17 + 40 + 5
   38 + 30 + 6

c) 75 + 4 + 20
   13 + 7 + 70

d) 43 + 8 + 40
   65 + 9 + 20

4 Setze <, > oder = ein.

a) 35 + 15 ___ 50
   36 + 17 ___ 50
   27 + 33 ___ 50

b) 21 + 46 ___ 65
   22 + 41 ___ 65
   56 + 11 ___ 65

c) 37 + 43 ___ 80
   56 + 24 ___ 80
   45 + 25 ___ 80

5 Löse die Zahlenrätsel.

a) Ich denke mir eine Zahl. Sie ist um 24 größer als 22.
b) Ich denke mir eine Zahl. Wenn ich 13 addiere, erhalte ich 40.
c) Ich denke mir eine Zahl. Wenn ich 50 addiere und von dem Ergebnis 11 subtrahiere, erhalte ich 89.

Additionsaufgaben halbschriftlich notieren; verschiedene Rechenwege ausprobieren und besprechen.
Auch eigene Rechenwege vorstellen. Ergebnisse von Additionsaufgaben zur schnellen Kontrolle abschätzen.

Weiter mit Plus und Minus

Plus

1 Vergleicht die Rechenwege.　　27 + 49

2 7	+	4 9	=	7 6
2 7	+	4 0	=	6 7
6 7	+	9	=	7 6

2 7	+	4 9	=	7 6
2 7	+	9	=	3 6
3 6	+	4 0	=	7 6

2 7	+	4 9	=	7 6
2 7	+	5 0	=	7 7
7 7	−	1	=	7 6

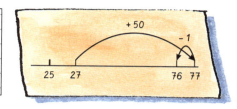

2 Schreibe deinen Rechenweg auf.

a) 44 + 29　　b) 17 + 59　　c) 69 + 25　　d) 55 + 19
　 45 + 39　　　 26 + 59　　　 49 + 36　　　 29 + 63

3 Rechne. Was fällt dir auf? Erkläre.

a) 73 + 27　　b) 36 + 35　　c) 63 + 28　　d) 54 + 26
　 53 + 27　　　 36 + 55　　　 63 + 24　　　 57 + 26

4 Rechne. Finde zu jedem Fächer weitere Aufgaben.

a) 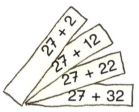　　b) 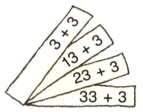　　c) 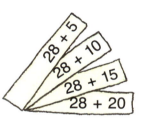　　d)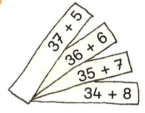

27 + 2, 27 + 12, 27 + 22, 27 + 32　　3 + 3, 13 + 3, 23 + 3, 33 + 3　　28 + 5, 28 + 10, 28 + 15, 28 + 20　　37 + 5, 36 + 6, 35 + 7, 34 + 8

5 Rechne in deinem Heft.

a) 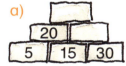　　b) 　　c)

a) 20 / 5, 15, 30　　b) 6, 9, 7　　c) 20, 15, 10, 5

S. 81, Nr. 5
a) [20] [5 15 30]

6 Schreibe eigene Zahlenpyramiden. Setze in die untersten Steine Zahlen ein, die größer sind als 10.

7 Bilde Plusaufgaben aus diesen Zahlen:

24　45　18
51　39　63

Das Ergebnis soll
a) kleiner als 70 sein,
b) größer als 55 sein,
c) zwischen 60 und 80 liegen,
d) genau 75 sein.

Operative Zusammenhänge bei Additionsaufgaben erkennen und nutzen; Aufgabenfolgen weiterführen und Analogien nutzen. Fächer herstellen, Analogieaufgaben auf Papierstreifen schreiben, die Aufgaben ordnen und zu einem Fächer zusammenstellen. Ergebnisse von Additionsaufgaben zur schnellen Kontrolle abschätzen.

Weiter mit Plus und Minus

Subtrahieren auf verschiedenen Wegen

> Zu jeder Minusaufgabe gibt es verschiedene Rechenwege.
> So kannst du Rechenwege aufschreiben:
>
> 45 – 28
>
> 45 – 28 = 17   45 – 28 = 17
> 45 – 20 = 25   oder   45 – 8 = 37
> 25 – 8 = 17   37 – 20 = 17
>
> Es geht auch anders.

1 Probiere die Rechenwege aus. Lege. Schreibe in dein Heft.

a) 56 – 34 = ___
56 – 30 = ___
___ – 4 = ___

b) 80 – 55 = ___
80 – 50 = ___
___ – ___ = ___

c) 62 – 27 = ___
62 – 7 = ___
___ – 20 = ___

d) 43 – 16 = ___
43 – 6 = ___
___ – ___ = ___

2 Schreibe deinen Rechenweg auf.

a) 54 – 33
69 – 35
31 – 14

b) 58 – 41
93 – 36
71 – 44

c) 59 – 32
90 – 64
95 – 45

d) 36 – 18
63 – 25
86 – 27

e) 76 – 39
84 – 48
42 – 27

3 Rechne.

a) 94 – 30 – 2
88 – 20 – 5

b) 67 – 20 – 8
93 – 70 – 6

c) 76 – 5 – 10
97 – 7 – 90

d) 75 – 7 – 40
92 – 8 – 80

4 Setze <, > oder = ein.

a) 82 – 3 ◯ 75
82 – 5 ◯ 75
82 – 7 ◯ 75

b) 72 – 13 ◯ 50
62 – 12 ◯ 50
52 – 11 ◯ 50

c) 57 – 21 ◯ 35
52 – 24 ◯ 35
55 – 30 ◯ 35

5 Löse die Zahlenrätsel.

a) Ich denke mir eine Zahl. Sie ist um 18 kleiner als 39.
b) Ich denke mir eine Zahl. Wenn ich 13 subtrahiere, erhalte ich 40.
c) Ich denke mir eine Zahl. Wenn ich 40 subtrahiere und zu dem Ergebnis 14 addiere, erhalte ich 64.

Subtraktionsaufgaben halbschriftlich notieren; verschiedene Rechenwege ausprobieren und besprechen.
Auch eigene Rechenwege vorstellen. Ergebnisse von Subtraktionsaufgaben zur schnellen Kontrolle abschätzen.

Weiter mit Plus und Minus

Minus

1 Vergleicht die Rechenwege.   63 − 29

6 3	−	2 9	=	3 4
6 3	−	2 0	=	4 3
4 3	−	9	=	3 4

6 3	−	2 9	=	3 4
6 3	−	9	=	5 4
5 4	−	2 0	=	3 4

6 3	−	2 9	=	3 4
6 3	−	3 0	=	3 3
3 3	+	1	=	3 4

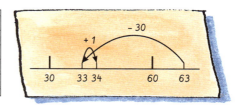

2 Schreibe deinen Rechenweg auf.

a) 48 − 29
   57 − 29

b) 65 − 19
   76 − 39

c) 79 − 26
   79 − 37

d) 85 − 49
   69 − 35

3 Rechne. Was fällt dir auf? Erkläre.

a) 84 − __ = 77
   85 − __ = 77

b) 100 − __ = 40
   99 − __ = 40

c) 51 − __ = 32
   61 − __ = 32

d) 100 − __ = 84
   90 − __ = 84

4 Rechne. Finde zu jedem Fächer weitere Aufgaben.

a) 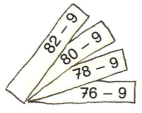   b) 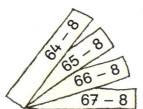   c) 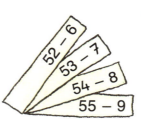   d)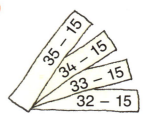

5 Rechne in deinem Heft.

a) 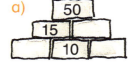   b) 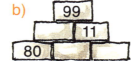   c)    d)

6 Schreibe eigene Zahlenpyramiden. Setze in den obersten Stein eine Zahl ein, die größer ist als 70.

7 Bilde Minusaufgaben aus diesen Zahlen:

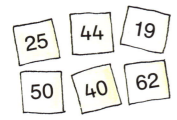

Das Ergebnis soll
a) kleiner als 30 sein,
b) größer als 40 sein,
c) genau 6 sein.

Weiter mit Plus und Minus

Aufgaben gesucht

1 a) „Immer 100."
Suche dir einen Partner.
Ihr braucht eine Hundertertafel
und jeder von euch braucht eine Spielfigur.
Dein Partner setzt seine Spielfigur auf eine Zahl.
Dann setzt du deine Spielfigur auf die Zahl,
die bis 100 noch fehlt.
Schreibt ein Protokoll.

b) Spielt „Immer 101".

c) Erfinde eigene Regeln. Stelle dein Spiel vor.

2 a) Schreibe Plus- und Minusaufgaben mit der Ergebniszahl 31.
b) Schreibe Plus- und Minusaufgaben mit der Startzahl 25.
c) Nimm andere Ergebnis- und Startzahlen. Schreibe Aufgaben.

3 Bilde aus vier verschiedenen
Ziffern zwei zweistellige Zahlen.
Finde möglichst viele
Plus- und Minusaufgaben.

4 Schneide aus Pappe oder Papier
ein Fenster für die Hundertertafel.

a) Addiere die Zahlen im Fenster.
Lege das Fenster auf andere Zahlen.
b) Suche zwei Zahlen, die nebeneinander
stehen und 25 ergeben.
c) Suche zwei Zahlen, die untereinander
stehen und 26 ergeben.
d) Gibt es zwei Zahlen, die nebeneinander
stehen und 88 ergeben?
Erkläre.
e) Gibt es zwei Zahlen, die untereinander
stehen und 55 ergeben?
Erkläre.

Weiter mit Plus und Minus

Plus und Minus

1 Schreibe deinen Rechenweg auf.

a) 45 + 55　　b) 18 + 81　　c) 19 + 19　　d) 38 + 47　　e) 46 + 27
　 56 + 44　　　 26 + 62　　　 28 + 28　　　 48 + 36　　　 35 + 59
　 67 + 33　　　 34 + 43　　　 37 + 37　　　 58 + 25　　　 44 + 47
　 78 + 22　　　 42 + 24　　　 46 + 46　　　 68 + 14　　　 33 + 59

2 Schreibe deinen Rechenweg auf.

a) 74 − 52　　b) 58 − 23　　c) 92 − 7　　d) 74 − 8　　e) 31 − 19
　 47 − 25　　　 85 − 32　　　 72 − 17　　　 64 − 18　　　 43 − 19
　 63 − 36　　　 33 − 23　　　 62 − 27　　　 54 − 28　　　 55 − 19
　 88 − 24　　　 39 − 35　　　 52 − 37　　　 44 − 38　　　 67 − 19

3 Rechne in deinem Heft.

a) 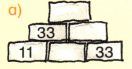　　b) 　　c) 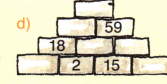　　d) (Zahlenmauer: 59 oben; 18, _, _ mittig; 2, 15, _ unten)

4 Löse die Zahlenrätsel.

a) Ich denke mir eine Zahl. Sie ist um 15 größer als 51.
b) Ich denke mir eine Zahl. Sie ist um 16 kleiner als 61.

5 Setze <, > oder = ein.

a) 48 + 22 ○ 70　　b) 58 + 26 ○ 85　　c) 93 − 53 ○ 40　　d) 81 − 18 ○ 60
　 31 + 44 ○ 65　　　 37 + 48 ○ 85　　　 62 − 27 ○ 45　　　 74 − 47 ○ 40
　 29 + 25 ○ 60　　　 21 + 74 ○ 85　　　 98 − 38 ○ 50　　　 53 − 35 ○ 20

6 Rechne.

a) 36 + 63　　b) 91 − 19　　c) 18 + 18　　d) 34 − 15　　e) 17 + 83
　 26 + 62　　　 72 − 27　　　 27 + 29　　　 42 − 26　　　 35 + 65
　 51 + 15　　　 63 − 36　　　 36 + 40　　　 50 − 37　　　 58 + 42
　 12 + 21　　　 54 − 45　　　 45 + 51　　　 68 − 48　　　 64 + 35

Alle wesentlichen Aspekte des Kapitels auf mittlerem Schwierigkeitsniveau wiederholen.
Die Seite kann zur Lernstandsanzeige genutzt werden.

Einmaleins mit Leonardo

Einmaleins der 8

Diese Kernaufgaben helfen.

1 Male Malfelder zu den Kernaufgaben. Rechne.

| 1 · 8 | 2 · 8 | 5 · 8 | 10 · 8 |

2 Rechne.

a) 1 · 8
2 · 8
3 · 8

b) 2 · 8
3 · 8
4 · 8

c) 5 · 8
6 · 8
7 · 8

d) 5 · 8
4 · 8
3 · 8

e) 10 · 8
9 · 8
8 · 8

3 Wie viele Spinnenbeine sind es? Schreibe passende Malaufgaben.

a) In der Zimmerecke sitzen drei Spinnen.
b) Im Keller sieht Jonas sieben Spinnen.
c) Elena lässt zwei Spinnen über ihre Hand krabbeln.
d) Amal beobachtet neun Spinnen.

4 Rechne.

a) 1 · 8
2 · 8
4 · 8

b) 2 · 8
4 · 8
8 · 8

c) 3 · 8
6 · 8
9 · 8

d) 5 · 8
2 · 8
7 · 8

e) 10 · 8
5 · 8
0 · 8

5 Schreibe Malaufgaben zu den Ergebniszahlen.

| 56 | 48 | 24 | 0 | 32 | 40 | 64 | 80 | 72 |

6 Rechne.

a) __ · 8 = 80
__ · 8 = 16
__ · 8 = 32

b) __ · 8 = 48
__ · 8 = 64
__ · 8 = 40

c) __ · 8 = 72
__ · 8 = 16
__ · 8 = 56

d) __ · 8 = 40
__ · 8 = 24
__ · 8 = 64

e) __ · 8 = 8
__ · 8 = 48
__ · 8 = 56

7 a) Hüpfe die Achter-Reihe vorwärts. Schreibe so: 0, 8, ...
b) Hüpfe die Achter-Reihe rückwärts. Schreibe so: 80, 72, ...

Kernaufgaben automatisieren. Nachbaraufgaben lösen. Einmaleinsaufgaben unter Ausnutzung von Beziehungen lösen. Sachaufgaben lösen. Achter-Reihe am Zahlenstrahl (Kopiervorlage) zeigen.

Einmaleins mit Leonardo

Einmaleins der 2, der 4 und der 8

1 Rechne. Vergleiche die Ergebnisse.

a) 10 · 2
1 · 2
9 · 2

b) 10 · 4
1 · 4
9 · 4

c) 10 · 8
1 · 8
9 · 8

d) 5 · 2
6 · 2
7 · 2

e) 5 · 4
6 · 4
7 · 4

f) 5 · 8
6 · 8
7 · 8

2 Rechne. Vergleiche die Ergebnisse.

a) 10 · 2
10 · 4
10 · 8

b) 9 · 2
9 · 4
9 · 8

c) 8 · 2
8 · 4
8 · 8

d) 7 · 2
7 · 4
7 · 8

e) 6 · 2
6 · 4
6 · 8

f) 4 · 2
4 · 4
4 · 8

3 Stelle einen Spiegel an eine Seite des Malfelds. Spiegele. Schreibe passende Malaufgaben.

2 · 4

4 Rechne. Vergleiche die Ergebnisse.

a)
·	2	4	8
3			
6			
9			

b)
·	5	7	9
2			
4			
8			

c)
·	8	
9		18
	64	
7	28	

5 Rechne.

a) 6 · 2
3 · 4
5 · 8

b) 8 · 2
9 · 4
6 · 8

c) 3 · 8
7 · 8
6 · 4

d) 9 · 8
7 · 2
8 · 4

e) 2 · 2
4 · 4
8 · 8

f) 5 · 4
4 · 8
9 · 2

6 Schreibe zu den Ergebniszahlen Malaufgaben aus der Zweier-, Vierer- oder Achter-Reihe.

16   6   8   20   36   40   24

7 Kreise in einer Hundertertafel die Ergebniszahlen der Zweier-, Vierer- und Achter-Reihe mit verschiedenen Farben ein.
Was fällt dir auf?

Der menschliche Körper

Körpermaße sind Naturmaße.
Ein Mensch passt in ein Fünfeck.
Jede Seite ist ungefähr zwei Ellen lang.

Der menschliche Körper

1 Erzähle, wie die Kinder messen.
Miss selbst. Benutze auch deine Körperteile.

2 Schätze ab, wie groß du bist.
Schneide einen Faden in dieser Länge ab. Überprüfe.

Mit Körpermaßen messen. Körpermaße vergleichen. Die Länge des eigenen Körpers schätzen. Größenvorstellungen von Längen entwickeln.

Der menschliche Körper

Mit Körpermaßen messen

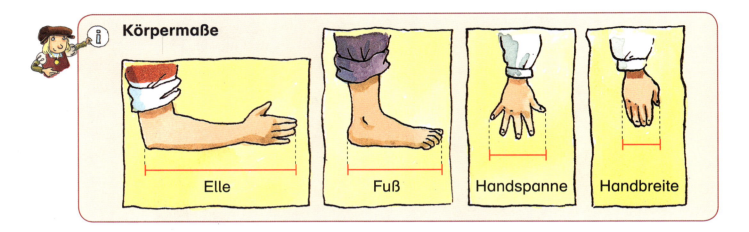

Körpermaße: Elle, Fuß, Handspanne, Handbreite

1 Zeigt euch eure Körpermaße und vergleicht sie.

2 Messt mit Körpermaßen.

a) die Länge und die Breite des Klassenzimmers
b) die Höhe und die Breite der Tafel
c) die Länge und die Breite des Rechenbuchs

3 Stellt zu euren Körpermaßen Streifen her. Vergleicht eure Ergebnisse.

Leas Körpermaße

4 Miss mit deinen Körpermaßen oder deinen Streifen. Trage deine Messergebnisse in eine Tabelle ein.

a) Wie lang ist dein Schülertisch?
b) Wie hoch ist dein Stuhl?
c) Wie lang ist dein Bleistift?

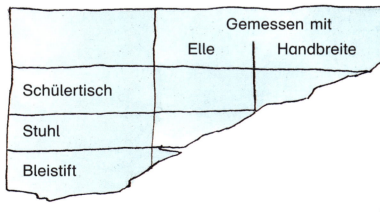

	Gemessen mit	
	Elle	Handbreite
Schülertisch		
Stuhl		
Bleistift		

5 Was ist breiter: dein Tisch oder die Tür in deiner Klasse?

Körpermaße vergleichen. Mit Körpermaßen messen. Längen direkt und indirekt vergleichen.
Auf die Notwendigkeit genormter Maßeinheiten hinführen.

Der menschliche Körper

Mit einheitlichen Maßen messen

Früher hatten die Menschen keine einheitlichen Maße. Schneider benutzten eine Elle. Es gab verschiedene Ellenmaße. Deshalb messen wir heute anders.

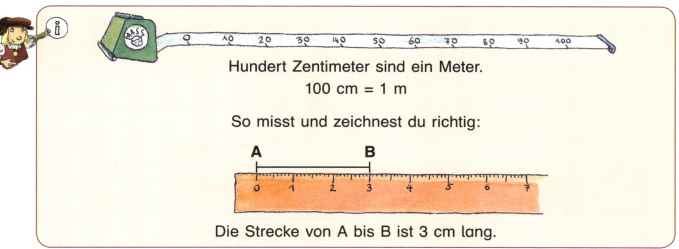

Hundert Zentimeter sind ein Meter.

100 cm = 1 m

So misst und zeichnest du richtig:

Die Strecke von A bis B ist 3 cm lang.

1 Schätze die Länge der Strecken. Miss nach.

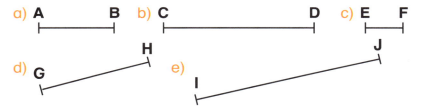

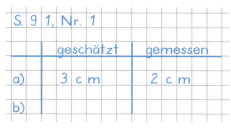

2 Zeichne Strecken in dein Heft. Benutze ein Lineal.

a) 3 cm   b) 20 cm   c) 5 cm   d) 8 cm   e) 10 cm

3 Schätze die Längen deiner Körpermaße. Miss mit dem Lineal nach. Schreibe auf.

4 Miss mit dem Lineal oder mit dem Maßband. Schreibe auf.

a) die Länge der Tafel
b) die Länge deines Bleistifts
c) die Breite der Tür
d) die Breite des Heftes

5 Miss Gegenstände in deiner Umgebung.

Einheitliche Maße Zentimeter und Meter kennen lernen. Lineal und Maßband als Messgeräte einsetzen; richtiges Anlegen bei Null beachten.

Der menschliche Körper

Schätzen, zeichnen und messen

1 Wie lang sind die Gegenstände? Schreibe zuerst die von dir geschätzte Länge in dein Heft. Miss nach und schreibe auf.

a) deine Zahnbürste
b) ein Streichholz
c) ein Esslöffel bei euch zu Hause
d) die Kante eines Würfels aus eurer Bauecke
e) ein großer Schritt
f) dein kleiner Finger
g) einmal um deinen Arm herum
h) einmal um dein Bein herum

2 Bestimme die Längen.

3 Miss die Strecken.

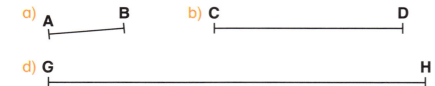

a) A B   b) C D   c) E F   d) G H   e) I J

4 Zeichne die Strecken in dein Heft. Benutze ein Lineal.

a) 2 cm   b) 1 cm   c) 7 cm   d) 4 cm   e) 9 cm

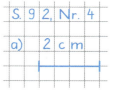

5 Sammelt Beispiele für diese Maßeinheiten. Was ist ungefähr so lang?

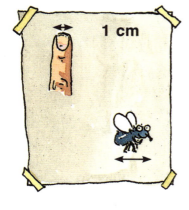
1 cm

10 cm = 1 dm

1 m

Repräsentanten für 1 cm, 10 cm (= 1 dm) und 1 m finden.

Der menschliche Körper

Messen und rechnen

1 Miss die Entfernungen. Schreibe auf.

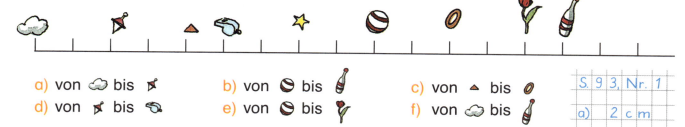

a) von ☁ bis 🪁
b) von ⬤ bis 🍾
c) von ▲ bis ⊙
d) von 🪁 bis 🫖
e) von ⬤ bis 🌷
f) von ☁ bis 🍾

S. 93, Nr. 1
a) 2 cm

2 Rechne.

a) 75 cm + 25 cm
50 cm + 25 cm
25 cm + 25 cm
15 cm + 45 cm

b) 26 cm + 18 cm
16 cm + 35 cm
23 cm + 27 cm
19 cm + 42 cm

c) 47 cm + 42 cm
59 cm + 26 cm
38 cm + 61 cm
65 cm + 27 cm

d) 50 cm − 25 cm
75 cm − 25 cm
75 cm − 50 cm
90 cm − 15 cm

3 Halbiere Streifen. Schreibe die Tabelle in dein Heft.

Länge	28 cm	44 cm	70 cm	62 cm	90 cm	56 cm	84 cm	96 cm
die Hälfte								

4 Miss Strecken in der Figur. Schreibe so:
Länge von AB: ___ cm

5 Ein Käfer krabbelt von A über B, C, D und E nach A. Miss seinen Weg aus oder rechne.

6 Schneide einen Faden ab, der so lang ist, dass du den Stern nachlegen kannst.

7 Wie viele Dreiecke entdeckst du in der Figur?

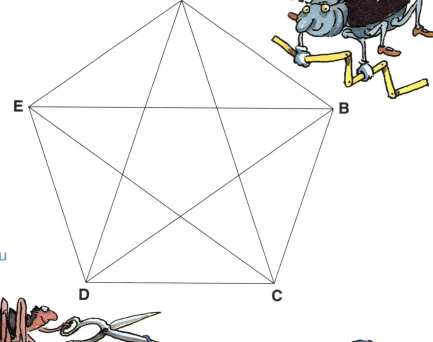

Mit Längen rechnen. Besonderheiten einer Figur (regelmäßiges Fünfeck) untersuchen.

Der menschliche Körper

Ich und meine Größen

1 Stelle dich neben ein Tafellineal. Bis wohin geht es dir?

2 Miss deine Körpergröße.

> 1 Meter und 34 Zentimeter sind 134 Zentimeter.
> 1 m 34 cm = 134 cm

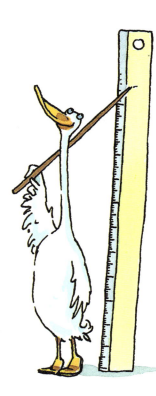

3 Schreibe in dein Heft. Wandle um.

a) 1 m 45 cm = _____ cm
   1 m 50 cm = _____ cm
   1 m 21 cm = _____ cm

b) 118 cm = ___ m ___ cm
   137 cm = ___ m ___ cm
   120 cm = ___ m ___ cm

4 Wie viele Kinder in deiner Klasse sind etwa 130 cm groß?

5 Bei welcher Kleidergröße findest du deine Körpergröße in der Tabelle?

Kleidergröße	110	116	122	128	134	140	146	152	158
Körpergröße in cm	105–110	111–116	117–122	123–128	129–134	135–140	141–146	147–152	153–158

6 Wie oft kommt jede Kleidergröße in eurer Klasse vor? Macht eine Tabelle.

7 Miss deine Armspannweite. Vergleiche sie mit deiner Körperlänge.

8 Stellt euch auf dem Schulhof Armspanne an Armspanne auf. Wie weit kommt ihr?

9 Kommst du mit vier Schritten sechs Meter weit? Schätze zuerst. Miss nach.

10 Haben gleich große Kinder auch gleich große Füße?

Umwandlung zwischen den Einheiten Meter und Zentimeter nur im Bereich der Körpergrößen der Kinder durchführen.

Der menschliche Körper

Längenmeister

1 Schätze die Höhe und die Breite. Miss mit dem Lineal nach.

a)    b)    c)

2 Zeichne die Strecken in dein Heft. Benutze ein Lineal.

a) 5 cm   b) 13 cm   c) 3 cm   d) 7 cm   e) 10 cm   f) 17 cm

3 Ordne die Strecken der Länge nach. Beginne mit der längsten Strecke.
Schreibe so: 54 m > ...

3 m   4 m   54 m   12 m   18 m   16 m

4 Rechne.

a) 81 cm + 18 cm   b) 64 cm + 28 cm   c) 39 cm + 49 cm   d) 100 cm − 5 cm
   72 cm + 27 cm   59 cm + 33 cm   66 cm + 27 cm   100 cm − 15 cm
   63 cm + 36 cm   48 cm + 47 cm   54 cm + 36 cm   100 cm − 25 cm
   45 cm + 54 cm   39 cm + 44 cm   23 cm + 68 cm   100 cm − 35 cm

5 Schreibe die Tabelle in dein Heft.

Länge	8 cm	16 cm	24 cm	36 cm				
die Hälfte					50 cm	10 cm	25 cm	5 cm

6 Schreibe in dein Heft. Wandle um.

a) 1 m 11 cm = ____ cm   b) 128 cm = ___ m ___ cm
   1 m 40 cm = ____ cm   116 cm = ___ m ___ cm
   1 m 22 cm = ____ cm   103 cm = ___ m ___ cm
   1 m 0 cm = ____ cm   110 cm = ___ m ___ cm

Alle wesentlichen Aspekte des Kapitels auf mittlerem Schwierigkeitsniveau wiederholen.
Die Seite kann zur Lernstandsanzeige genutzt werden.

Einmaleins mit Leonardo

Einmaleins der 7

Diese Kernaufgaben helfen.

1 Male Malfelder zu den Kernaufgaben. Rechne.

| 1 · 7 | 2 · 7 | 5 · 7 | 10 · 7 |

2 Rechne.

a) 1 · 7   b) 2 · 7   c) 5 · 7   d) 5 · 7   e) 10 · 7
   2 · 7   3 · 7   6 · 7   4 · 7   9 · 7
   3 · 7   4 · 7   7 · 7   3 · 7   8 · 7

3 Schreibe passende Malaufgaben. Rechne.

a) Wie viele Tage sind zwei Wochen?
b) Wie viele Tage sind neun Wochen?
c) Wir haben 6 Wochen Sommerferien. Wie viele Tage sind das?

4 Rechne.

a) 1 · 7   b) 2 · 7   c) 3 · 7   d) 5 · 7   e) 10 · 7
   2 · 7   4 · 7   6 · 7   2 · 7   5 · 7
   4 · 7   8 · 7   9 · 7   7 · 7   0 · 7

5 Schreibe Malaufgaben zu den Ergebniszahlen.

| 70 | 56 | 14 | 0 | 42 | 49 | 63 | 35 |

8 mal 7 sind sechsundfünfzig.

6 Rechne.

a) __ · 7 = 70   b) __ · 7 = 35   c) __ · 7 = 56   d) __ · 7 = 63   e) __ · 7 = 0
   __ · 7 = 63   __ · 7 = 7   __ · 7 = 28   __ · 7 = 42   __ · 7 = 49
   __ · 7 = 49   __ · 7 = 42   __ · 7 = 14   __ · 7 = 21   __ · 7 = 70

7 a) Hüpfe die Siebener-Reihe vorwärts. Schreibe so: 0, 7, ...
b) Hüpfe die Siebener-Reihe rückwärts. Schreibe so: 70, 63, ...

Einmaleins mit Leonardo

Einmaleins der 9

1 Male Malfelder zu den Kernaufgaben. Rechne.

1 · 9   2 · 9   5 · 9   10 · 9

2 Rechne.

a) 1 · 9   b) 2 · 9   c) 5 · 9   d) 5 · 9   e) 10 · 9
   2 · 9   3 · 9   6 · 9   4 · 9   9 · 9
   3 · 9   4 · 9   7 · 9   3 · 9   8 · 9

3 Was fällt dir auf?

a) 3 · 9   b) 5 · 9   c) 9 · 9   d) Findest du noch
   8 · 9   6 · 9   2 · 9   ein weiteres Paar?

4 Rechne.

a) 1 · 9   b) 2 · 9   c) 3 · 9   d) 5 · 9   e) 10 · 9
   2 · 9   4 · 9   6 · 9   2 · 9   5 · 9
   4 · 9   8 · 9   9 · 9   7 · 9   0 · 9

5 Schreibe Malaufgaben zu den Ergebniszahlen.

45   36   27   0   72   18   81

6 Rechne.

a) __ · 9 = 27   b) __ · 9 = 18   c) __ · 9 = 9   d) __ · 9 = 63   e) __ · 9 = 0
   __ · 9 = 45   __ · 9 = 90   __ · 9 = 99   __ · 9 = 54   __ · 9 = 81
   __ · 9 = 36   __ · 9 = 72   __ · 9 = 90   __ · 9 = 45   __ · 9 = 18

7 Rechne. Vergleiche die Ergebnisse.

a)
·	5	6	7
3			
6			
9			

b)
·	9	10	5
7			
8			
9			

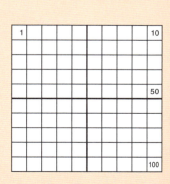

8 Kreise in einer Hundertertafel die Ergebniszahlen der Neuner-Reihe ein. Welches Muster entsteht? Schreibe auf.

Kernaufgaben automatisieren. Nachbaraufgaben lösen. Einmaleinsaufgaben unter Ausnutzung von Beziehungen innerhalb der Neuner-Reihe und in Verbindung mit anderen Einmaleinsreihen lösen. Gesetzmäßigkeiten entdecken.

Ferien auf dem Bauernhof

1. Alle sollen gleich viel erhalten.
   Gib für Kinder und Tiere an, wie viel jeder bekommt.
2. Finde eigene Fragen und Antworten zum Bild.

Ferien auf dem Bauernhof

Aufteilen

 Teile auf. Immer drei Äpfel in eine Tüte.  15 : 3 = 5
15 geteilt durch 3 gleich 5

1 Teile das Obst auf. Schreibe die Geteiltaufgabe.

a) Immer 4 Birnen.

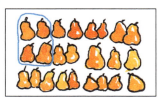

24 : 4 = ___

b) Immer 5 Äpfel.

c) Immer 6 Pflaumen.

2 Teile auf. Male und kreise ein. Schreibe die Geteiltaufgabe.

a) Immer 7.

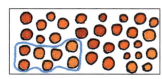

35 : 7

b) Immer 8.

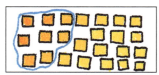

24 : ___

c) Immer 3.

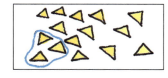

___ : ___

3 12 Kinder sollen Dreier-Gruppen bilden. Spiele nach. Male.

Rechne und überprüfe mit der **Umkehraufgabe**.
12 : 3 = 4   Probe: 4 · 3 = 12
Antwort: Es sind 4 Gruppen.

a) Male und kreise ein für Vierer-Gruppen. Rechne. Überprüfe mit der Umkehraufgabe.
b) Male und kreise ein für Sechser-Gruppen. Rechne. Überprüfe mit der Umkehraufgabe.

4 Rechne. Schreibe auch die Umkehraufgabe.

a) 20 : 5
60 : 6
18 : 3

b) 16 : 4
40 : 8
15 : 5

c) 12 : 3
0 : 2
48 : 6

d) 36 : 9
24 : 4
18 : 2

5 Teile 24 Dinge gerecht auf. Wie viele Möglichkeiten findest du? Schreibe Geteiltaufgaben.

6 Erzähle eine Rechengeschichte zu 20 : 4 .

Aufteilen ohne Rest handelnd nachvollziehen. Einkreisen als Hilfsnotation nutzen. Umkehraufgabe als Probe einsetzen.

Ferien auf dem Bauernhof

Aufteilen mit Rest

 Teile auf. Immer drei Äpfel in eine Tüte.  14 : 3 = 4 R 2
14 geteilt durch 3 gleich 4 Rest 2

1 Teile das Obst auf. Schreibe die Geteiltaufgabe.

a) Immer 3 Äpfel.   b) Immer 6 Erdbeeren.   c) Immer 4 Kirschen.

   8 : 3 = __ R __

2 Teile auf. Male und kreise ein. Schreibe die Geteiltaufgabe.

a) Immer 4.   b) Immer 7.   c) Immer 6.

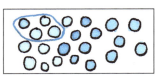      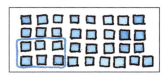

3 19 Kinder sollen Fünfer-Gruppen bilden. Spiele nach. Male.

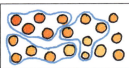

Rechne und überprüfe mit der **Umkehraufgabe**.
19 : 5 = 3 R 4   Probe: 3 · 5 + 4 = 19
Antwort: Es sind 3 Gruppen. 4 Kinder bleiben übrig.

a) Male und kreise ein für Vierer-Gruppen. Rechne. Überprüfe mit der Umkehraufgabe.
b) Male und kreise ein für Sechser-Gruppen. Rechne. Überprüfe mit der Umkehraufgabe.

4 Rechne. Schreibe auch die Umkehraufgabe.

a) 21 : 5   b) 16 : 7   c) 3 : 2   d) 12 : 8
   22 : 4   17 : 8   16 : 6   10 : 3
   20 : 3   19 : 9   18 : 10   13 : 5

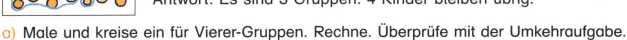

S. 101, Nr. 4
a) 21 : 5 = 4 R 1
   4 · 5 + 1 = 21

5 Wie groß kann der Rest höchstens sein, wenn du eine Zahl durch 8 teilst? Probiere aus. Erkläre.

6 Erzähle eine Rechengeschichte zu 22 : 6 .

Ferien auf dem Bauernhof

Verteilen

Verteilen ohne Rest

Verteile auf drei Teller.

12 : 3 = 4
12 geteilt durch 3 gleich 4

1 Verteile das Obst in die Schachteln. Lege oder male. Schreibe die Geteiltaufgabe.

a)  20 : 5 = __

b) 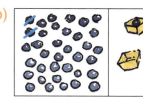 36 : 4

2 28 Äpfel werden an vier Kinder verteilt. Wie viele Äpfel bekommt jedes Kind?

Verteilen mit Rest

Verteile auf drei Teller.

14 : 3 = 4 R 2
14 geteilt durch 3 gleich 4 Rest 2

3 Verteile das Obst auf die Teller. Lege oder male. Schreibe die Geteiltaufgabe.

a) 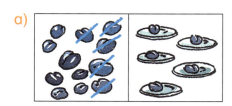 12 : 5 = __ R __

b)  9 : 2

4 27 Äpfel werden an sechs Kinder verteilt. Wie viele Äpfel bekommt jedes Kind?

5 Lege oder male. Rechne. Schreibe auch die Umkehraufgabe.

a) 32 : 8
36 : 6
32 : 4

b) 20 : 10
21 : 7
18 : 3

c) 19 : 9
30 : 7
32 : 5

d) 43 : 10
74 : 9
41 : 6

S. 102, Nr. 5
a) 32 : 8 = 4
   4 · 8 = 32
c) 19 : 9 = 2 R 1
   2 · 9 + 1 = 19

6 Erzähle eine Rechengeschichte zu 14 : 2.

Verteilen ohne und mit Rest handelnd nachvollziehen; Unterschied zwischen Auf- und Verteilen an den Handlungen verdeutlichen; Bedeutung des Rests besprechen. Wegstreichen als Hilfsnotation nutzen.

Ferien auf dem Bauernhof

Gruppen werden gebildet

1 30 Kinder verteilen sich gleichmäßig auf fünf Reifen. Spielt nach.

30 : 5 = 6

In jedem Reifen stehen 6 Kinder.

a) Verteile und rechne für 6 Reifen. Schreibe die Antwort.
b) Verteile und rechne für 10 Reifen. Schreibe die Antwort.

2 18 Kinder verteilen sich gleichmäßig auf 3 Wippen.

a) Ist das möglich?
b) Mache eine Zeichnung.
c) Schreibe die Rechnung auf.

3 Zum Sackhüpfen verteilen sich 17 Kinder gleichmäßig auf vier Mannschaften.

17 : 4 = 4 Rest 1
In jeder Mannschaft sind 4 Kinder.
Ein Kind wird Schiedsrichter.

a) Rechne für 3 Mannschaften und schreibe die Antwort.
b) Rechne für 5 Mannschaften und schreibe die Antwort.
c) Wie viele Kinder müssten noch dazu kommen, damit man 5 gleich große Mannschaften bilden kann?

4 Rechne. Schreibe auch die Umkehraufgabe.

a) 10 : 5	b) 2 : 2	c) 13 : 8	d) 14 : 7	e) 55 : 5
34 : 6	32 : 5	60 : 6	18 : 8	10 : 7
0 : 4	36 : 4	22 : 4	7 : 2	8 : 8
27 : 9	45 : 5	28 : 7	100 : 10	56 : 6

5 In einer Klasse sind mehr als 20, aber weniger als 30 Kinder.
Sie sitzen an Vierertischen und alle Plätze an den Tischen sind besetzt.
Wenn sie in Dreiergruppen spielen, können alle Kinder mitspielen.
Wenn sie in Fünfergruppen spielen, macht die Lehrerin mit.
Wie viele Kinder sind es?

Verteilen ohne und mit Rest; bei Sachaufgaben passende Skizzen anfertigen. Bedeutung des Rests bei Sachaufgaben besprechen.

Ferien auf dem Bauernhof

Wer gehört zu diesen Beinen, Hörnern, Ohren ...?

1. Im Hühnerstall sind 16 Beine zu sehen. Wie viele Hühner sind es?

2. Im Pferdestall stehen fünf Pferde.
   Wie viele Hufeisen muss der Schmied überprüfen?

3. Im Kuhstall sieht der Bauer in der linken Stallhälfte acht Hörner,
   in der rechten zwölf Beine. Sina weiß sofort, wie viele Kühe im Stall sind.

4. Nino zählt 24 Spinnenbeine. Wie viele Spinnen sind es?

5. Tim sucht den Hund Fifi. Im Schweinestall entdeckt er 34 Beine.
   Wie kann das sein?

6. Sara zählt im Salatfeld 13 Tiere. Sie sieht kein einziges Bein.
   Welche Tiere hat sie entdeckt?

7. 32 Schafe sollen zur Weide gebracht werden.
   In den Hänger passen immer sechs Tiere.
   Ist das mit fünf Fahrten zu schaffen?

8. 12 Ohren, 24 Pfoten und viele Stummelschwänze.
   Was sitzt denn da im Feld?

9. Finde eigene Rechengeschichten.

10. Rechne. Die Umkehraufgabe kann dir beim Lösen helfen.

    a) ___ : 3 = 3   b) ___ : 4 = 2 R 1   c) 4 = 36 : ___   d) 7 = ___ : 3
       ___ : 8 = 4   ___ : 7 = 5 R 2   2 = 12 : ___   8 = ___ : 5
       ___ : 5 = 5   ___ : 3 = 8 R 4   9 = 81 : ___   3 = ___ : 4
       ___ : 7 = 6   ___ : 6 = 0 R 5   5 = 15 : ___   6 = ___ : 8

11. a) Rechne. Was fällt dir auf?
    b) Welche Regel passt:
       A Wenn ich eine Zahl durch 2 teile, erhalte ich immer einen Rest.
       B Wenn ich eine ungerade Zahl durch 2 teile, erhalte ich immer Rest 1.

12. Stimmt die Regel? Überprüfe.

    Alle Zahlen, die durch 4 teilbar sind, sind gerade Zahlen.

Zur Bearbeitung von Sachsituationen Skizzen als Hilfe anfertigen. Teilbarkeitsregeln entdecken und begründen.

Ferien auf dem Bauernhof

Geteiltaufgaben auf dem Bauernhof und überall

1 Verpacke die Eier. Lege oder male. Wie viele Kartons brauchst du? Schreibe die Aufgabe.

a) 24 Eier. In jeden Karton passen 6 Eier.
b) 18 Eier. In jeden Karton passen 10 Eier.
c) Wie können 26 Eier verpackt werden?

2 Nach wie vielen Tagen sind die Eier verbraucht, wenn aus einer Zehnerpackung täglich 2 Eier gegessen werden?

3 Rechne. Schreibe auch die Umkehraufgabe.

a) 24 : 4
12 : 4
24 : 6

b) 10 : 5
25 : 5
16 : 8

c) 27 : 3
27 : 9
18 : 2

d) 28 : 4
14 : 7
35 : 5

e) 72 : 9
8 : 8
15 : 5

4 Rechne. Schreibe auch die Umkehraufgabe.

a) 15 : 4
13 : 2
43 : 6

b) 18 : 7
22 : 3
0 : 5

c) 4 : 4
29 : 5
58 : 10

d) 40 : 6
6 : 4
69 : 7

e) 44 : 4
0 : 9
51 : 5

5 Wie viele Möhren muss Felix aus dem Beet ziehen, wenn in den 6 Ställen jeweils 2 Kaninchen sitzen und jedes Kaninchen eine Möhre bekommen soll?

6 Rechne. Die Umkehraufgabe kann dir beim Lösen helfen.

a) ___ : 4 = 4
___ : 9 = 3
___ : 7 = 2
___ : 10 = 6

b) 2 = 16 : ___
8 = 48 : ___
7 = 56 : ___
4 = 36 : ___

c) 37 : ___ = 9 R 1
42 : ___ = 5 R 2
56 : ___ = 8 R 0
55 : ___ = 6 R 1

d) ___ : 3 = 4 R 2
___ : 7 = 5 R 5
___ : 2 = 8 R 1
___ : 4 = 5 R 3

7 Die Bäuerin hat Brötchen für das Picknick der fünf Kinder gebacken. Die Brötchen sollen so verteilt werden, dass jedes Kind drei Brötchenhälften bekommt. Wie viele Brötchen müssen es sein? Erkläre.

Alles kostet Geld

Alles kostet Geld

1. Erzähle.
2. Lies die Preise.
3. Lege drei Preise mit Spielgeld.

Möglichkeiten zur Bezahlung von Waren mit Scheinen und Münzen diskutieren. Schreibweisen für Preise vergleichen.

Alles kostet Geld

Münzen und Scheine

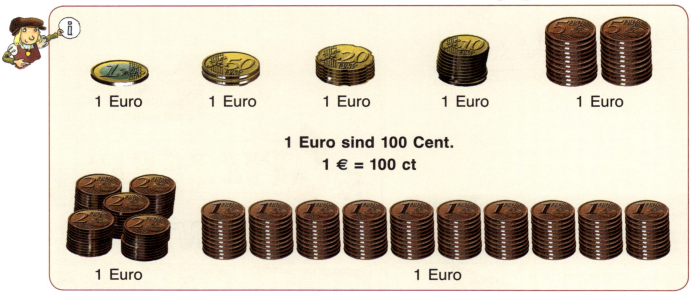

1 Euro sind 100 Cent.
1 € = 100 ct

1 a) Lege 1 Euro mit 10-Cent-Münzen. Wie viele Münzen brauchst du?
b) Lege 1 Euro mit 20-Cent-Münzen. Wie viele Münzen brauchst du?

2 Wie viel Geld ist es? Schreibe so: a) 30 ct

a)  b)  c)  d)

3 Kannst du 1 Euro mit 1 / 2 / 3 / 4 / 5 / 6 / 7 / 8 / 9 / 10 Münzen legen?

4 Ordne nach dem Wert. Schreibe so: 1 ct, 2 ct, ...

5 Lege 100 Euro mit Scheinen. Male.

a) 2 Scheine   b) 4 Scheine   c) 6 Scheine   d) 7 Scheine

1 Euro verschieden legen, Zusammenhänge zwischen den Münzwerten erkennen und nutzen.

Alles kostet Geld

6 Wie viel Geld ist es? Schreibe so: a) 36 €

a)    b)    c)

7 Lege mit Münzen und Scheinen.

a) 73 € 23 ct	b) 95 € 89 ct	c) 31 € 19 ct	d) 18 € 5 ct
11 € 19 ct	28 € 8 ct	76 € 12 ct	9 € 28 ct
17 € 90 ct	99 € 31 ct	49 € 96 ct	29 € 31 ct

8 Welche Geldbeträge sind gleich? Schreibe so: 2 € 50 ct = 2,50 €

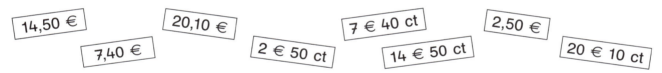

9 Lege. Schreibe so: a) 24,50 € = 24 € 50 ct

a) 24,50 €   b) 60,40 €   c) 99,00 €   d) 34,10 €   e) 100,00 €
   5,90 €   6,40 €   9,90 €   41,30 €   10,10 €

10 In der Bäckerei.

a) Ordne die Preise.
b) Wie teuer sind 2 Milchbrötchen?
c) Lea kauft ein Körnerbrötchen. Sie gibt 60 Cent. Wie viel Cent bekommt sie zurück?

1 Kaiserbrötchen	35 ct
1 Körnerbrötchen	52 ct
1 Milchbrötchen	45 ct

11 Max hat 1 Euro. Er will zwei Brötchen kaufen.

a) Welche Brötchen könnte er kaufen?
b) Er bekommt 30 Cent zurück. Welche Brötchen hat er gekauft?

12 Wie viel kosten Brötchen bei euch? Macht eine Preisliste.

Verschiedene Schreibweisen von Geldbeträgen auf Gleichwertigkeit untersuchen. Preise von einem Schild ablesen, damit umgehen und sie mit aktuellen Preisen vergleichen.

Alles kostet Geld

Mit Geld rechnen

1 Jonas kauft zwei Pullover. Beide Pullover kosten gleich viel. Zusammen kosten sie 50 €. Wie viel kostet ein Pullover?

2 Felix wünscht sich eine Rennbahn. Letzte Woche kostete sie 110 €. Heute ist sie 11 € billiger. Wie viel kostet sie jetzt?

3 Nino hat 50 €. Für die Hälfte seines Geldes kauft er ein Spiel. Wie viel Euro hat er noch?

4 Rechne.

a)
+	60 €	53 €	32 €	29 €	44 €
26 €					
39 €					
18 €					

b)
−	20 €	39 €	68 €	42 €	57 €
75 €					
68 €					
92 €					

5 Sina kauft ein Buch für 8 € 50 ct. Sie zahlt mit einem 10-€-Schein. Wie viel Geld bekommt sie zurück?

6 Sara kauft zwei Spiele für jeweils 15 € 50 ct. Wie viel muss sie bezahlen?

7 Lege nach und rechne.

a) 45 ct + _____ = 100 ct
   88 ct + _____ = 100 ct
   35 ct + _____ = 100 ct
   62 ct + _____ = 100 ct

b) _____ + 13 ct = 100 ct
   _____ + 54 ct = 100 ct
   _____ + 21 ct = 100 ct
   _____ + 95 ct = 100 ct

c) 15 ct + _____ = 100 ct
   25 ct + _____ = 100 ct
   55 ct + _____ = 100 ct
   75 ct + _____ = 100 ct

8 Elena hat drei verschiedene Geldscheine. Sie hat weniger als 100 Euro. Wie viel Geld kann es sein? Male oder schreibe.

9 Welche Geldbeträge bis 50 Euro kannst du mit zwei verschiedenen Geldscheinen legen? Male oder schreibe.

10 Ordne die Texte den Rechnungen zu.

A Amal hat vier 5-€-Scheine im Sparschwein.

B Nino bezahlt mit einem 10-€-Schein. Er bekommt 5 € Rückgeld.

C Elena muss 26 € bezahlen. Sie bekommt 24 € Rückgeld.

10 € − 5 € = 5 €

4 · 5 € = 20 €

26 € + 24 € = 50 €

Geldbeträge kombinieren, Systematik entdecken; Spielgeld einsetzen.

Alles kostet Geld

11 Schreibe die Tabellen in dein Heft. Ergänze die fehlenden Preise.

a) Pizza Käse (normal)

Anzahl	Preis
1	5 €
2	10 €
3	
4	

b) Pizza Salami (normal)

Anzahl	Preis
1	6 €
2	
3	
4	

c) Pizza Schinken (normal)

Anzahl	Preis
1	7 €
2	
3	
4	

d) Pizza Hawaii (normal)

Anzahl	Preis
1	8 €
2	
3	
4	

12 Schreibe die Tabellen für große Pizzen in dein Heft.

13 Berechne die Preise.

a) 7 Pizzen Salami groß
b) 6 Pizzen Salami normal
c) 5 Pizzen Hawaii normal
d) 9 Pizzen Schinken normal

14 Drei gleiche Pizzen kosten 27 Euro. Welche sind es?

15 Rechne.

a)

·	4 €	5 €	8 €
3			
5			
7			

b)

·	2 €	6 €	3 €
4			
8			
6			

c)

·	7 €		10 €
2			
9		9 €	
	70 €		

16 Richtig oder falsch gerechnet? Finde die Fehler.

a) 4 · 2 € = 10 €
2 · 7 € = 15 €
4 · 7 € = 28 €

b) 10 · 10 € = 100 €
5 · 10 € = 15 €
10 · 2 € = 2 €

c) 5 · 8 € = 45 €
8 · 6 € = 48 €
4 · 9 € = 56 €

Proportionalen Zusammenhang thematisieren.

Alles kostet Geld

Geldbeträge

1 Schreibe Aufgaben.

a) Amal legt 56 Euro. Sara legt 1 Euro mehr.
b) Nino legt 38 Euro. Tim legt halb so viel Geld.
c) Max legt 90 Euro. Lea legt 5 Euro weniger.
d) Elena legt 27 Euro. Felix hat doppelt so viel Geld gelegt.

2 Suche passende Geldbeträge. Schreibe so: a) Größer als 50 €: 55 € 5 ct, ...

a) Größer als 50 €.
b) Kleiner als 40 €.
c) Zwischen 30 € und 65 €.
d) Gleich 64 € 60 ct.

| 55 € 5 ct | 69 € 1 ct | 64,60 € |
| 64 € 64 ct | 39 € 50 ct | 7 € 90 ct |

3 Lies den Text. Finde die passende Rechnung.

a) Elena muss 23 € bezahlen. Sie bekommt 27 € Rückgeld.
b) Wenn Sara noch 23 € spart, hat sie 27 € im Sparschwein.
c) Nino legt 23 € mit einem Schein und zwei Münzen.
d) Felix legt dreimal 9 €.
e) Sina legt 27 € mit einer Münze und zwei Scheinen.
f) Jonas legt das Doppelte von 23 €.

A 23 € = 10 € + 10 € + 3 €
B 23 € = 20 € + 1 € + 2 €
C 27 € = 10 € + 15 € + 2 €
D 27 € = 20 € + 5 € + 2 €

E 23 € + 27 € = 50 €
F 23 € + 23 € = 46 €
G 27 € − 23 € = 4 €
H 3 € + 9 € = 12 €

I 9 · 3 € = 27 €
J 9 · 4 € = 36 €
K 3 · 9 € = 27 €
L 2 · 27 € = 54 €

4 Vergleiche. Setze <, > oder = ein.

a) 44 € ○ 44 ct   b) 35 ct ○ 1 €   c) 12 € ○ 2 ct
   10 € ○ 10 ct   4 €   ○ 44 ct   8 €   ○ 80 ct
   5 ct ○ 15 €   100 ct ○ 1 €   2 €   ○ 0,50 €

5 Schreibe die Tabelle in dein Heft. Trage ein.

a)
Anzahl	Einzelpreis	Gesamtpreis
8	2 €	16 €
2	3 €	
10	5 €	

b)
Anzahl	Einzelpreis	Gesamtpreis
7	6 €	
5	8 €	
9	9 €	

Situationen mit Spielgeld nachspielen; passende Fragen und Antwortsätze formulieren.

Alles kostet Geld

Euro und Cent

1 Lege 100 Euro mit Scheinen. Male.

a) 4 Scheine   b) 1 Schein   c) 8 Scheine

2 Wie viel Geld ist es? Schreibe auf.

a)
b)
c)

3 Welche Geldbeträge sind gleich? Schreibe auf.

95,00 €   33 € 10 ct   10,50 €   33,10 €   9 € 50 ct   95 €   9,50 €   10 € 50 ct

4 Rechne.

a) 18 ct + 23 ct
   61 ct + 39 ct
   45 ct + 54 ct

b) 100 ct − 17 ct
   100 ct − 29 ct
   84 ct − 48 ct

c) 25 € + ____ = 50 €
   45 € + ____ = 70 €
   55 € + ____ = 90 €

5 Rechne.

a)
·	9 €	5 €	6 €
7			
4			

b)
·	7 €	4 €	8 €
3			
6			

c)
·	3 €		10 €
	15 €		
8		16 €	

6 Max will ein besonderes Buch. Es kostet 23 €. Bei dem heutigen Sparangebot kostet es ausnahmsweise nur 17 €. Wie viel Geld kann Max sparen?

7 Sina kauft ein Spiel für 16 € 90 ct. Sie bezahlt mit einem 20-€-Schein.

8 Lea bekommt drei T-Shirts. Sie kosten alle gleich viel. Zusammen kosten sie 27 €. Wie viel kostet ein T-Shirt?

9 Schreibe Aufgaben.

a) Elena legt 50 €. Amal legt die Hälfte davon.
b) Tim legt 44 € 50 ct. Nino legt 5 € und 50 ct mehr.
c) Jonas fehlen noch 15 €, um 86 € zu legen.

Alle wesentlichen Aspekte des Kapitels auf mittlerem Schwierigkeitsniveau wiederholen.
Die Seite kann zur Lernstandsanzeige genutzt werden.

Fit mit Leonardo

1 Rechne. Schreibe auch die Umkehraufgabe.

a) 3 · 4
   6 · 4
  10 · 4

b) 4 · 6
   2 · 6
   6 · 6

c) 7 · 9
   7 · 5
   7 · 4

d) 8 · 7
   7 · 7
   8 · 8

e) 9 · 5
  10 · 5
   1 · 5

f) 5 · 4
   8 · 6
   9 · 7

2 Schreibe zu jeder Ergebniszahl eine Malaufgabe aus der Zweier-, Vierer- oder Achter-Reihe.

| 20 | 64 | 40 | 0 | 16 | 36 | 56 | 8 | 12 | 80 | 48 | 24 |

3 Rechne.

a) 1 · __ = 9
   3 · __ = 27
   4 · __ = 36

b) 2 · __ = 16
   5 · __ = 40
   7 · __ = 56

c) 30 = __ · 6
   18 = __ · 6
   48 = __ · 6

d) 16 = __ · 8
   32 = __ · 8
   48 = __ · 8

4 Finde verschiedene Malaufgaben. Rechne waagerecht, senkrecht und diagonal.

a) 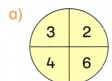   b)   c) 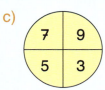   d)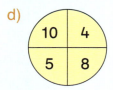

S. 114, Nr. 4
a) 3 · 2 = 6
   4 · 6 = 24
   3 · 4 = 12
   2 · 6 =
   3 · 6 =
   2 · 4 =

5 Rechne. Schreibe auch die Umkehraufgabe.

a) 40 : 8
  48 : 8
  36 : 6

b) 30 : 5
  35 : 5
  30 : 3

c) 24 : 3
  48 : 6
  12 : 2

d) 64 : 8
  32 : 4
  18 : 6

e) 16 : 4
  35 : 7
  70 : 7

f) 36 : 9
  18 : 9
  63 : 9

6 Löse die Zahlenrätsel.

a) Ich denke mir eine Zahl. Sie ist das Doppelte der Summe von 8 und 4.
b) Ich denke mir eine Zahl. Wenn ich sie durch 4 teile, erhalte ich 7.
c) Ich denke mir eine Zahl. Wenn ich sie mit 5 multipliziere, erhalte ich 20.
d) Ich denke mir eine Zahl. Wenn ich sie durch 8 teile, erhalte ich 1 Rest 3.

7 Rechne.

a)
·	4	3	7
2			
6			

b)
·	9	0	8
9			
10			

c)
·		6		7
5			25	
				56

Automatisierende und operative Übungen zu Multiplikation und Division.

Fit mit Leonardo

8 Rechne.

a) 12 : 3
14 : 3
15 : 3
18 : 3

b) 15 : 5
18 : 5
24 : 5
30 : 5

c) 17 : 6
18 : 6
24 : 6
28 : 6

d) 17 : 5
29 : 4
37 : 6
44 : 9

e) 19 : 3
51 : 7
67 : 8
58 : 6

9 Rechne.

a)
:	6	8
48		
24		

b)
:	3	9
27		
9		

c)
:	10	
30		5
		6

d)
:	9	
36		6
		2

10 Drei mal drei Enten laufen hinter zwei Ziegen her. Wie viele Füße sind das?

11 Max hat 2 Sporthosen und 4 T-Shirts.
Wie viele Möglichkeiten hat er sich anzuziehen? Male.

12 Schreibe Mal- und Geteiltaufgaben.

a) 6 7 42

b) 5 8 40

c) 9 36 4

S. 115, Nr. 12
a) 6 · 7 = 42
7 · 6 = 42
42 : 6 = 7
42 : 7 =

13 Schreibe in dein Heft. Setze +, –, · oder : ein.

a) 8 ○ 4 = 32
64 ○ 5 = 69
56 ○ 7 = 8

b) 49 ○ 9 = 40
7 ○ 6 = 42
3 ○ 3 = 6

c) 5 ○ 5 = 1
24 ○ 6 = 18
3 ○ 7 = 21

d) 6 ○ 9 = 54
36 ○ 4 = 9
30 ○ 6 = 5

14 Rechne.

a) 23 + 34
35 + 28
42 + 47

b) 29 + 48
29 + 50
37 + 27

c) 36 – 20
49 – 19
93 – 40

d) 68 – 24
44 – 12
72 – 36

15 Rechne.

a) 35 + __ = 54
57 + __ = 68
92 + __ = 100

b) __ + 42 = 59
__ + 38 = 72
__ + 61 = 85

c) 28 – __ = 14
56 – __ = 28
64 – __ = 32

d) __ – 12 = 50
__ – 18 = 30
__ – 21 = 40

Bauen und Denken

Würfel	Quader	Kugel
⊪⊪ ||	⊪⊪ ⊪⊪ ||	|||
Nino	Amal	Sara

Das Bauwerk auf seine Bestandteile untersuchen, geometrische Körper aus verschiedenen Perspektiven erkennen und benennen, Tabelle anlegen. Geometrische Körper und Bauwerke aus geometrischen Körpern in der Umwelt entdecken.

Bauen und Denken

1. Baut mit Bauklötzen. Schreibt wie Tim und Elena Tabellen dazu.
2. Beschreibe ein Gebäude so gut, dass ein anderes Kind es nachbauen kann.

Bauwerke untersuchen, Tabellen anlegen, geometrische Körper benennen. Nach Diktat bauen.

Bauen und Denken

Würfel, Quader und Kugel

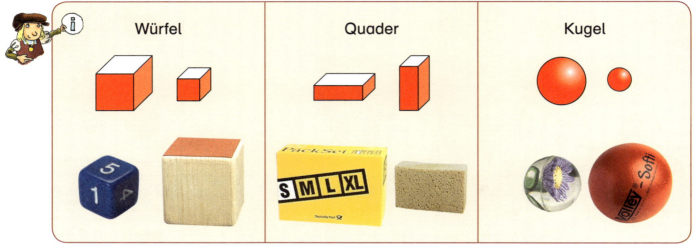

1 Ordne die Körper zu. Schreibe so: A: Quader

2 Forme eine Kugel, einen Quader und einen Würfel aus Knetmasse.

3 Suche Würfel, Quader und Kugeln in deiner Umgebung.

4 Welche Schachtel wurde aufgeschnitten?

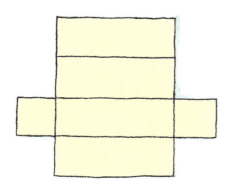

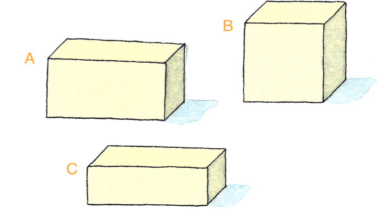

Würfel, Quader und Kugeln in Gegenständen der Umgebung wiedererkennen, dazu von kleinen Abweichungen abstrahieren. Einem Quadernetz die passende Schachtel zuordnen.

Bauen und Denken

Ecken, Kanten und Flächen

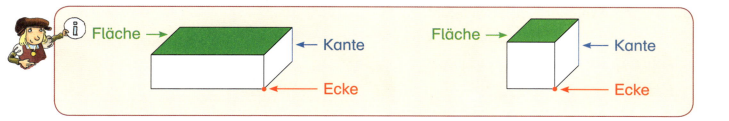

1. Wie viele Ecken, Kanten und Flächen hat ein Quader? Schreibe auf.

2. Wie viele Ecken, Kanten und Flächen hat ein Würfel? Schreibe auf.

3. Welche Flächen gehören zu den Körpern? Schreibe auf.

   a) zum Würfel   b) zum Quader

   A   B   C   D   E

4. Würfel, Quader oder Kugel: Welche Körper können es sein?

   a) Der Körper hat nur quadratische Flächen.
   b) Den Körper kann man gut rollen.
   c) Den Körper kann man gut stapeln.
   d) Der Körper hat keine Ecken.
   e) Die Flächen des Körpers sind unterschiedliche Rechtecke.

5. Zeichne die Figur auf Karopapier. Schneide aus. Falte einen Würfel.

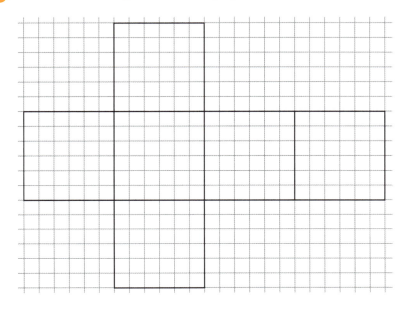

Begriffe Ecken, Kanten und Flächen kennen lernen und Körpern zuordnen. Unterschiede und Gemeinsamkeiten bei geometrischen Körpern entdecken. Einen versteckten geometrischen Körper anhand seiner Eigenschaften erraten. Einen Würfel aus einem Netz falten.

Bauen und Denken

Würfelbauwerke

1 Baue nach. Welcher Körper entsteht?

a)   b) 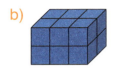 c)   d) 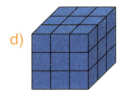 e)

2 Baue aus Holzwürfeln Quader und Würfel.

3 Baue nach. Erkläre den Bauplan.

a)
b)
c)

4 Schreibe den Bauplan.

a) 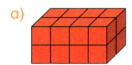 b)   c) 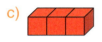 d)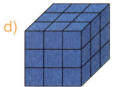

5 Baue nach Bauplan.

a) | 4 | 4 | 4 |

b) | 2 | 2 |
| 2 | 2 |
| 2 | 2 |

c) | 3 | 3 |
| 3 | 3 |

d) | 1 | 1 | 1 |
| 1 | 1 | 1 |
| 1 | 1 | 1 |

6 Nimm immer 20 Würfel. Wie viele verschiedene Quader kannst du damit bauen? Schätze. Probiere aus. Schreibe Baupläne.

7 Wie viele Würfel brauchst du? Baue nach. Schreibe den Bauplan.

a)   b) 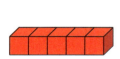 c)  d)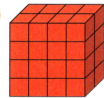

8 Wie viele Würfel fehlen zum großen Würfel?

a) 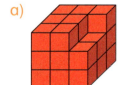 b)   c) 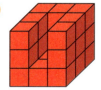 d)

9 Baue und schreibe Baupläne. Lass andere Kinder nachbauen.

Bauen und Denken

Körper

1 Benenne die Körper. Schreibe auf.

2 Quader, Würfel oder Kugel. Welcher Körper ist es?

a) Der Körper hat keine Kanten.
b) Der Körper hat 8 Ecken. Seine Flächen sind gleich groß.
c) Der Körper kann rollen.
d) Der Körper hat 6 Flächen. Nicht alle Flächen sind gleich groß.

3 Wie viele Würfel brauchst du? Baue nach. Schreibe den Bauplan.

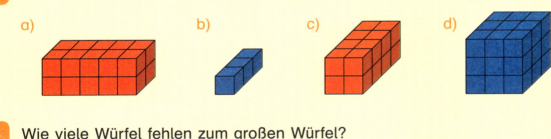

4 Wie viele Würfel fehlen zum großen Würfel?

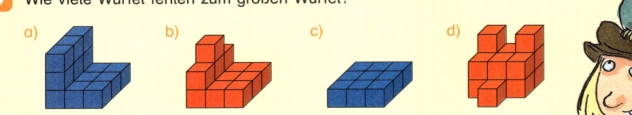

5 Würfel oder Quader? Schreibe auf.

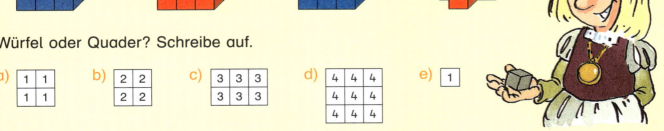

Alle wesentlichen Aspekte des Kapitels auf mittlerem Schwierigkeitsniveau wiederholen.
Die Seite kann zur Lernstandsanzeige genutzt werden.

Umgang mit Zeit

Aus der Geschichte der Uhr

Vor langer Zeit richteten sich die Menschen nach der Uhr der Natur. Sie arbeiteten von Sonnenaufgang bis Sonnenuntergang. Auch verschiedene Blumen zeigten ihnen mit ihrer Blüte die Zeit an. Dann erfanden die Menschen Sonnen-, Wasser- und Sanduhren. Die ersten Räderuhren wurden um 1300 gebaut. Peter Henlein, ein Schlosser aus Nürnberg, baute um 1510 ganz kleine Uhren, die um den Hals gehängt oder in der Tasche getragen wurden.

Umgang mit Zeit

1. Wie funktioniert die Wasser-Flaschen-Uhr? Erklärt.
2. Baut eine Wasser-Flaschen-Uhr für die große Pause.
3. Baut eine Wasser-Flaschen-Uhr für eine andere Pausenzeit.

Über verschiedene Uhren sprechen. Eine Wasseruhr bauen; proportionalen Zusammenhang erkennen und nutzen.

Umgang mit Zeit

Die Uhr lesen

Ein Tag hat 24 Stunden.
Er beginnt um 0 Uhr (Mitternacht).
Eine Stunde hat 60 Minuten, kurz 1 h = 60 min.
Eine Minute hat 60 Sekunden, kurz 1 min = 60 s.

Bei einer Uhr zeigt der große Zeiger die Minuten an.

Morgens sagen wir 8 Uhr.

Der kleine Zeiger zeigt die Stunden an.

Abends sagen wir 20 Uhr.

So schreibt man Uhrzeiten auf.

 7.05 Uhr
7 Uhr 5
sieben Uhr fünf

 7.15 Uhr
07:15

 7.35 Uhr
07:35

19.45 Uhr
19:45

 19.50 Uhr
19:50

1 Nino ist eingeladen. Er soll pünktlich um 14.45 Uhr da sein.

a) Wo muss der große Zeiger der Uhr dann stehen?
b) Wo muss der kleine Zeiger der Uhr dann stehen?

2 Wie spät ist es? Gib beide Uhrzeiten an. Schreibe so: a) 1.15 Uhr oder 13.15 Uhr

a) b)   c) d) e) f) g)

Können wir uns kurz vor sechs Uhr treffen?

Ich kann nicht eher als zehn vor sechs kommen.

An der Tür steht, dass das Wettschwimmen um 18 Uhr beginnt.

Umgang mit Zeit

Zeigeruhr und Digitaluhr

1 Amal liest die Digitaluhr ab. Wie spät ist es?

a) eins, zwei, Doppelpunkt, zwei, vier
b) eins, drei, Doppelpunkt, vier, fünf
c) null, vier, Doppelpunkt, eins, null
d) zwei, drei, Doppelpunkt, null, null

2 Möglich oder unmöglich? Erkläre.

a) 07:60   b) 23:15   c) 35:04   d) 24:03   e) 25:10   f) 08:08

3 Schreibe beide Uhrzeiten wie bei einer Digitaluhr auf. Schreibe so: a) 04:00 oder 16:00

a)   b)   c)   d)   e)

f)   g)   h)   i)   j)

4 Stelle die Uhrzeiten auf einer Zeigeruhr und einer Digitaluhr ein.

a) 07:00   b) 08:30   c) 13:20   d) 10:05   e) 02:20
   15:40   12:50   17:25   18:10   20:45

5 Fragen und Antworten. Schreibe immer die passende Antwort zur Frage auf.

a) Wann fährt der Bus ab?   A Er kommt um 8.20 Uhr an.
b) Wann kommt Max an der Schule an?   B Er fährt um 8.10 Uhr ab.
c) Wann endet für Lea der Unterricht?   C Er geht um 20 Uhr ins Bett.
d) Um wie viel Uhr ist Geisterstunde?   D Er endet um 12.10 Uhr.
e) Wie spät geht Nino abends ins Bett?   E Um 0 Uhr.

6 Baue eine Digitaluhr.
Nimm einen doppelten Kartonstreifen mit vier Löchern.
Schneide vier Ziffernstreifen zum Durchschieben.
Auf zwei Streifen müssen die Ziffern von 0 bis 9
untereinander stehen.
Welche Ziffern müssen auf den übrigen
Streifen stehen, damit du alle
Zeiten einstellen kannst?

Mögliche Ziffern bei Digitaluhren thematisieren. Sachaufgaben lösen. Eine Digitaluhr bauen (Kopiervorlage).

125

Umgang mit Zeit

Minuten und Stunden

1 Was dauert am längsten? Schätze.
Notiere die geschätzte Reihenfolge und überprüfe sie.

	20 Kniebeugen	Uhr legen	Strichliste bis 100	ABC aufsagen
Reihenfolge geschätzt				
Reihenfolge gemessen				

2 Wie lange dauert eine Minute? Schätze und prüfe.

a) Probiere durch Zählen von 21 vorwärts. Wie weit kommst du?
b) Wie viele Kniebeugen schaffst du in einer Minute?
c) Wie oft kannst du das Wort „Minute" in einer Minute schreiben?
d) Denke dir andere Aufgaben aus.

3 Wie viele Minuten fehlen? Ergänze. Schreibe so: a) 10 min + 50 min = 60 min, ...

a) immer eine Stunde:
10 min, 20 min, 15 min

b) immer 30 Minuten:
15 min, 18 min, 23 min

c) immer 45 Minuten:
20 min, 35 min, 12 min

4 Schreibe in dein Heft. Rechne.

a) 20 min + 45 min
45 min + 25 min
55 min + 27 min

b) 25 min + ____ = 60 min
10 min + ____ = 55 min
35 min + ____ = 35 min

c) ____ + 45 min = 90 min
____ + 25 min = 75 min
____ + 33 min = 80 min

5 Ordne nach der Dauer. Beginne mit der kürzesten Dauer.

a) 12 min 50 s 39 min 39 s 5 min 37 min

b) 2 h 46 min 90 min 10 h 1 min 75 min

c) 3 h 25 min 25 s 42 min 43 s 30 h

6 Schreibe die Zeitfolgen in dein Heft. Ergänze die fehlenden Zeiten.

a) 8.00 Uhr, 8.05 Uhr, 8.10 Uhr, ____ Uhr, ____ Uhr, ____ Uhr, ____ Uhr
b) ____ Uhr, 10.10 Uhr, 10.20 Uhr, 10.30 Uhr, ____ Uhr, ____ Uhr, ____ Uhr
c) ____ Uhr, ____ Uhr, 11.15 Uhr, 11.30 Uhr, 11.45 Uhr, ____ Uhr, ____ Uhr
d) 17.30 Uhr, 18.40 Uhr, 19.50 Uhr, ____ Uhr, ____ Uhr, ____ Uhr, ____ Uhr

Zeitdauern vergleichen, schätzen und messen; Unterschiede in der Zeitwahrnehmung ansprechen. Zeitdauern ergänzen, addieren und ordnen. Zeitfolgen fortsetzen.

Umgang mit Zeit

Wie lange dauert es?

> Von 15 Uhr bis 15.05 Uhr dauert es 5 Minuten, kurz 5 min.
>
> 15.00 Uhr   15.05 Uhr
>
> Von 15 Uhr bis 16 Uhr dauert es eine Stunde, kurz 1 h.
>
> 15.00 Uhr —1 h→ 16.00 Uhr

1 Gib die Zeitdauer in Minuten an. Schreibe so: a) 10 min

a)   b)   c)   d)   e)   f)   g)

2 Lea macht jeden Tag zehn Minuten Gymnastik. Im Wochenkalender notiert sie ihre Übungszeiten. Schreibe die fehlenden Zeiten in dein Heft.

a) Montag: 15.00 Uhr bis _____
b) Dienstag: 16.05 Uhr bis _____
c) Mittwoch: 15.35 Uhr bis _____
d) Donnerstag: _____ bis 15.35 Uhr
e) Freitag: _____ bis 17.15 Uhr
f) Samstag: 17.55 Uhr bis _____
g) Sonntag: 10.58 Uhr bis _____

3 a) Wie viele Stunden ist das Schwimmbad von Montag bis Freitag an jedem Tag geöffnet?
b) Wie lange ist es am Samstag geöffnet?
c) Wie lange ist es am Sonntag geöffnet?
d) Wie lange ist das Schwimmbad in einer Woche insgesamt geöffnet?

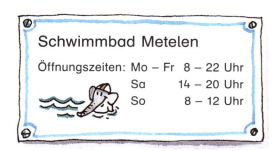

4 Wie lange dauert es? Schreibe so: a) 16.00 Uhr —1 h 5 min→ 17.05 Uhr

a) von 16.00 Uhr bis 17.05 Uhr
b) von 17.10 Uhr bis 17.25 Uhr
c) von 12.30 Uhr bis 14.30 Uhr
d) von 8.05 Uhr bis 8.50 Uhr
e) von 9.30 Uhr bis 10.25 Uhr
f) von 11.25 Uhr bis 12.00 Uhr

5 Der Zeitplan von Tim. Wie lange dauert es?

a) Schule: von 8.00 Uhr bis 13.00 Uhr
b) Hausaufgaben: von 14.10 Uhr bis 14.40 Uhr
c) Fußball: von 15.00 Uhr bis 16.30 Uhr

Pfeilbild als Hilfsskizze benutzen. Zeitdauern ablesen. Zeitpunkte bestimmen. Zeitdauern berechnen. Sachaufgaben lösen.

Umgang mit Zeit

Zeiträtsel

1 Jonas soll einen Brief zur Post bringen. Vorher will er Felix und Sara abholen.

a) Wie lange braucht er für den Weg bis zur Post?
b) Die Post schließt um 17.00 Uhr. Wann muss Jonas losgehen?

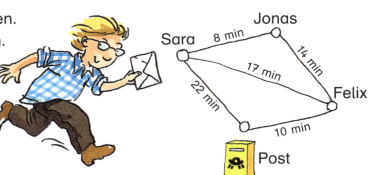

2 Welche Uhrzeiten gehören zusammen? Schreibe so: A 3, ...

A   B   C   D

① 22.10 Uhr ② 20.15 Uhr
③ 12.45 Uhr ④ 11.30 Uhr

3 Wie viele Minuten sind es? Rechne.

a) 43 min − 14 min
57 min − 38 min
60 min − 34 min

b) 0 min + ____ = 60 min
29 min + ____ = 45 min
12 min + ____ = 30 min

c) ____ + 15 min = 70 min
____ + 47 min = 62 min
____ + 24 min = 38 min

4 Sina darf am Sonntag zwei Stunden fernsehen. Sie sucht sich Filme aus.

A 7.05 Uhr bis 7.35 Uhr Sesamstraße
B 8.35 Uhr bis 10.00 Uhr Tigerenten Club
C 11.30 Uhr bis 12.00 Uhr Sendung mit der Maus
D 10.35 Uhr bis 11.00 Uhr Löwenzahn
E 12.00 Uhr bis 13.15 Uhr Märchenfilm
F 15.30 Uhr bis 16.00 Uhr Siebenstein

a) Wie viele Minuten sind zwei Stunden?
b) Wie lange dauert jeder Film? Schreibe so: Sesamstraße 7.05 Uhr —30 min→ 7.35 Uhr
c) Welche Filme kann Sina auswählen?

5 Um 16.00 Uhr trifft sich Tim mit seinen Freunden.
Sie laufen von 16.10 Uhr bis 16.40 Uhr. Dann machen sie zehn Minuten Pause.
Danach fahren sie zum Schwimmbad. Sie brauchen 15 Minuten.

16.10 Uhr —... min→ 16.40 Uhr —10 min→ ____ Uhr —15 min→ ____ Uhr

a) Vergleiche das Pfeilbild mit dem Text.
b) Wie lange läuft Tim mit seinen Freunden?
c) Wann kommen die Kinder am Schwimmbad an?

Umgang mit Zeit

Kennst du dich aus mit der Uhr?

1 Wie spät ist es? Schreibe auf.

Abend   Nacht   Nachmittag   Morgen   Abend   Nachmittag

2 Wie viele Minuten fehlen zu einer Stunde? Ergänze. Schreibe auf.

a) 30 min   b) 47 min   c) 60 min
   15 min   25 min   34 min
    2 min   31 min   55 min

3 Wie lange dauert es?

a) von 15.00 Uhr bis 19.00 Uhr   b) von 10.55 Uhr bis 11.30 Uhr
c) von 13.20 Uhr bis 18.20 Uhr   d) von 8.05 Uhr bis 8.50 Uhr

4 „Sina, kommst du heute zum Fußball? Wir treffen uns um 15.00 Uhr", sagt Amal. „Wann ist das Spiel zu Ende?", will Sina wissen. „Etwa 15 Minuten dauert das Umziehen, dann zehn Minuten warm laufen", sagt Amal. Das Spiel dauert zusammen mit der Halbzeitpause 45 Minuten. Wann endet das Fußballspiel? Stelle auf deiner Uhr ein.

5 Bestimme die Uhrzeit und notiere.

Es ist jetzt am Nachmittag. Wie spät ist es ...

a) in einer Stunde?   b) in 30 Minuten?   c) in 10 Minuten?
d) in drei Stunden?   e) in 15 Minuten?   f) in 45 Minuten?

6 Schreibe die Zeitfolgen in dein Heft. Ergänze die fehlenden Zeiten.

a) 8.10 Uhr, 8.20 Uhr, 8.30 Uhr, _____ Uhr, _____ Uhr, _____ Uhr, _____ Uhr
b) _____ Uhr, 9.15 Uhr, 9.30 Uhr, 9.45 Uhr, _____ Uhr, _____ Uhr, _____ Uhr
c) 6.00 Uhr, 7.15 Uhr, 8.30 Uhr, _____ Uhr, _____ Uhr, _____ Uhr, _____ Uhr

7 Elena sagt: „Wir haben heute bis um 13.00 Uhr Unterricht." „Oh, das ist aber lange!", antwortet Moritz. „Für mich ist heute um 1.00 Uhr Schulschluss!"
Was meinst du dazu?

Sachrechnen mit Leonardo

1 Welche Rechnung passt zum Text? Schreibe Text und Rechnung auf.

a) Max hat neun Murmeln. Nach einigen Spielen hat er viermal so viele.
b) Jonas hat 36 Murmeln. Er verliert vier Murmeln.
c) Sara hat 36 Murmeln und gewinnt vier dazu.
d) Sina hat 36 Murmeln. Sie verteilt sie an ihre vier Freunde.
e) Nino hat neunmal so viele Murmeln wie Amal. Amal hat vier Murmeln.

36 − 4
9 · 4
4 · 9
36 : 4
36 + 4

2 Lea malt ein Malfeld mit sechs Reihen. In jeder Reihe sind sieben Kästchen.

a) Zeichne das Malfeld.
b) Wie viele Kästchen hat Lea gemalt? Rechne.

3 Beim Sport sollen sich 28 Kinder gleichmäßig in vier Gruppen aufstellen.

a) Zeichne vier Kreise und verteile die Kinder.
b) Wie viele Kinder gehören in eine Gruppe? Rechne.

4 Der Opa von Max hat sechs Kaninchenställe. In jedem Stall sind drei Kaninchen.

a) Zeichne die Ställe mit den Kaninchen.
b) Wie viele Kaninchen hat der Opa von Max? Rechne.

5 Jonas hat 14 Schoko-Küsse auf einem Teller. Er will sie mit seinen drei Freunden teilen.

a) Zeichne.
b) Schreibe eine Frage. Rechne.
c) Schreibe die Antwort.

6 Im Stall sind sechs Schafe und drei Hühner. Wie viele Beine haben sie zusammen?

a) Zeichne.
b) Rechne.
c) Schreibe die Antwort.

7 Bei Bauer Felix kann man 22 Beine im Stall zählen. Sie gehören Hühnern und Pferden. Nino weiß, dass Bauer Felix vier Pferde hat.

a) Zeichne.
b) Schreibe eine Frage. Rechne.
c) Schreibe die Antwort.

Sachaufgaben zur Multiplikation und Division lösen: zu Texten passende Rechnungen, Skizzen und Antworten finden. Die Skizzen zum Überprüfen der Rechnungen und Ergebnisse nutzen.

Sachrechnen mit Leonardo

1 Welche Zeit kann es sein? Schreibe den Text mit den passenden Zeiten auf.

| 12.30 Uhr | 6.15 Uhr | 9.00 Uhr | 15.20 Uhr |

Ninos Mutter arbeitet im Büro. Sie beginnt etwa um _____ mit der Arbeit. Ninos Bruder fährt mit dem Bus zur Schule. Er steht an jedem Schultag um _____ auf. Zum Mittagessen um _____ ist Ninos Mutter wieder zu Hause. Der Flötenunterricht beginnt für Nino um _____ .

2 Lea verlässt um 13.10 Uhr das Schulgelände. Sie geht zum Mittagessen mit zu einer Freundin. Nach 15 Minuten sind sie da. Hungrig setzen sie sich an den Tisch.

a) Stelle drei Fragen zu diesem Text.
b) Finde eine Frage, die du beantworten kannst.
c) Rechne und schreibe die Antwort.

3 Welche Fragen und Antworten passen zusammen?
Schreibe so: a) Wann kommt der Bus an? Er kommt ...

a) Wann kommt der Bus an?
b) Wie lange dauert die Musikstunde?
c) Wann fährt Max von zu Hause los?
d) Wie lange dauert eine Woche?
e) Wann beginnt der Unterricht?

Sie dauert 45 Minuten.
Er beginnt um 8.10 Uhr.
Er fährt um 7.30 Uhr los.
Sie dauert 7 Tage.
Er kommt um 14 Uhr an.

4 Welche Angaben sind wichtig?
Schreibe zu jedem Text eine Frage und eine Antwort.
Schreibe so: a) Wie lange darf Max noch ...

a) Max darf bis 20 Uhr aufbleiben. Es ist 17.30 Uhr.

b) Elena muss um 15.00 Uhr zur Flötenstunde. Ihre Freundin geht auch mit. Jetzt ist es 15.10 Uhr.

c) Sina hat sich um 16 Uhr mit Amal verabredet. Sie sitzt immer noch an ihren Hausaufgaben. Nun ist es schon 15.45 Uhr.

d) Tim schaut auf die Uhr. Er muss noch einkaufen gehen. Um 17 Uhr beginnt das Fußballtraining. Tim hat noch 25 Minuten Zeit.

Im Zoo

1. Erzähle zum Bild.

2. Vergleiche den Zoo mit dem Zooplan.

3. Wo sind die Tiere? Schreibe so: a) Affen: C 3

   a) Affen   b) Kaninchen   c) Elefanten   d) Pinguine

4. Welche Tiere sind es?

   a) C 1   b) D 4   c) E 3

5. Beschreibe, wie du durch den Zoo gehen würdest. Wo gehst du vorbei?

6. Suche Wege vom Eingang zum Spielplatz. Beschreibe.

7. Stellt euch gegenseitig Aufgaben zum Zooplan.

Bildliche und abstrakte Darstellung des Zoogeländes vergleichen. Wege im Raum realisieren und beschreiben; sich mit Hilfe von Richtungen und Koordinaten orientieren; Lagebeziehungen nutzen.

Im Zoo

Rechts, links, vor und hinter

Das sieht Sina:
- Rechts von ihr sind die Elefanten.
- Links von ihr sind die Flamingos.
- Vor ihr ist der Affenfelsen.
- Hinter ihr sind die Papageien.

Das sieht Nino:
- Rechts von ihm sind die Wildkatzen.
- Links von ihm sind die Affen.
- Vor ihm ist der Ententeich.

1 Amal sitzt auf der Bank. Schreibe auf. Welche Tierarten sieht sie?

a) links von sich   b) vor sich   c) hinter sich   d) rechts von sich

2 Elena steht am Tor zum Streichelzoo.
Wo stehen die Tiere aus ihrer Sicht?

a) Welches Tier steht vorne rechts?
b) Welches Tier steht vorne links?
c) Welches Tier steht hinten rechts?
d) Welches Tier steht hinten links?

3 Tim steht gegenüber vom Eingang zum Streichelzoo. Wo sieht Tim die Tiere? Schreibe so: Die Meerschweinchen sind ...

4 Schau dich in deiner Umgebung um. Schreibe auf. Was siehst du?

a) rechts von dir   b) links von dir   c) vor dir   d) hinter dir

Im Zoo

Wege im Zoo

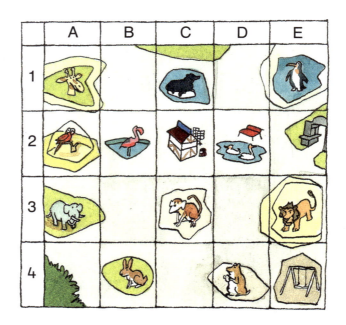

1 Wo ist es? Schreibe so: a) Kiosk C 2

a) Kiosk   b) Papageien   c) Giraffen   d) Erdmännchen   e) Streichelzoo

2 Was findest du in dem Feld?

a) C 3   b) E 1   c) B 2   d) A 3   e) E 4

3 Findest du den Weg?

a) Max ist am Ententeich losgegangen. Er hat sich fünf verschiedene Tierarten angesehen. Jetzt steht er am Spielplatz. Welchen Weg könnte Max gegangen sein?
b) Sina schaut nach rechts, dann nach links. Sie sieht jedes Mal Vögel. Wo steht Sina?
c) Elena kommt vom Kiosk. Sie geht geradeaus in Richtung der Seelöwen und gleich wieder nach rechts. Zu welchen Tieren geht Elena?

4 Zeige den Weg. Schreibe auf, durch welche Felder er verläuft.

a) Amal will zu den Löwen. Sie ist noch im Streichelzoo.
b) Lea steht am Kiosk. Sie geht um das Seelöwengehege herum zu den Pinguinen.
c) Jonas steht am Ententeich. Er geht um den Affenfelsen herum zu den Giraffen.
d) Max beobachtet die Erdmännchen. Danach will er sich ein Eis kaufen.

5 Möglich oder unmöglich? Welche Wege kann und darf man gehen?

a) A 2, B 3, A 4, B 4, C 4   b) C 4, C 3, C 2, C 1   c) A 3, D 3, E 2, D 1

6 Stellt euch eigene Aufgaben zu Wegen oder Feldern im Zooplan.

Koordinaten zur Positionsbestimmung von Gehegen und Gebäuden im Zoo verwenden. Notation von Wegen einführen.

Im Zoo

Knobeln und spielen

1 Verfolge die Wege nur mit den Augen. Welches Tier spielt mit welchem Ball? Schreibe auf.

2 Jonas, Sina und Sara stellen sich für ein Foto nebeneinander. Der Fotograf sieht Jonas links von Sara und Sina rechts von Sara. Wie stehen die Kinder?

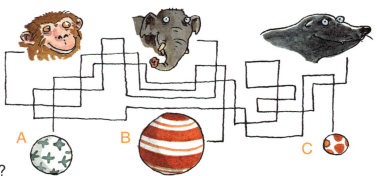

3 Mittags essen Amal, Elena, Felix und Tim Eis. Wie sitzen die Kinder? Mache eine Tabelle.

	rechts von	links von	gegenüber von
Amal	Elena	Tim	
Elena			
Tim			

4 Die Kinder haben ein Wegerätsel gemacht. Zeichne in dein Heft.

a) 4 nach unten, 4 nach rechts, 4 nach oben, 4 nach links

b) 3 nach unten, 2 nach rechts, 2 nach unten, 3 nach rechts, 2 nach oben, 2 nach rechts, 3 nach oben, 2 nach links, 2 nach oben, 3 nach links, 2 nach unten, 2 nach links

5 In welchem Feld liegt der Stein nach dem Ziehen? Schreibe auf. Starte immer bei C 3.

a) Der Stein zieht 2 Felder nach oben und 2 Felder nach rechts.

b) Der Stein zieht 2 Felder nach unten und 1 Feld nach links.

c) Der Stein zieht 1 Feld nach rechts, 1 Feld nach oben und 1 Feld nach links.

d) Erfinde eigene Vorschriften.

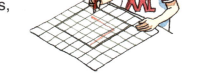

6 Wie heißt das Tier?

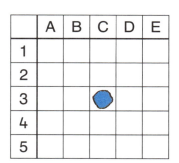

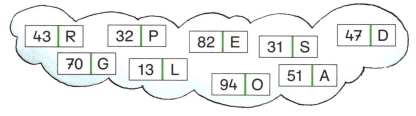

51 − 38   68 + 14   0 + 94   71 − 39   62 − 11   19 + 24   47 − 0

Positionsbestimmungen im Kopf und durch Nachspielen durchführen. Wege zunächst konkret auf dem Spielplan, anschließend nur noch im Kopf nachvollziehen.

Im Zoo

Unterwegs im Zoo

1 Richtig oder falsch?

a) In E 2 sind die Pinguine.
b) In C 2 steht der Kiosk.
c) Die Gänse sind in D 2.
d) Die Elefanten sind in A 4.

2 Wie heißt das Feld?

a) rechts neben B 2   b) links neben E 4
c) unter A 1   d) über C 4

3 Bei welchem Tier landest du?

a) Starte bei A 2.
Gehe 2 Felder nach rechts und 1 Feld nach oben.
b) Starte bei A 3.
Gehe 4 Felder nach rechts.
c) Starte bei C 4.
Gehe 2 Felder nach links und 2 Felder nach oben.
d) Starte bei E 2.
Gehe 1 Feld nach unten und 2 Felder nach links.

4 Beginne immer bei D 4. In welchem Feld landest du? Schreibe auf.

a) Gehe 2 Felder nach rechts und 3 Felder nach oben.
b) Gehe 2 Felder nach links und 1 Feld nach unten.
c) Gehe 1 Feld nach oben, 1 Feld nach links und
1 Feld nach unten.

5 Wo sind die Sachen?

a) Was ist unten rechts?   b) Was ist unten links?
c) Was ist oben rechts?   d) Was oben links?

Alle wesentlichen Aspekte des Kapitels auf mittlerem Schwierigkeitsniveau wiederholen.
Die Seite kann zur Lernstandsanzeige genutzt werden.

Fit mit Leonardo

1 Rechne geschickt.

a) 2 + 28 + 32　　b) 12 + 69 + 11　　c) 63 − 17 − 23　　d) 44 − 15 + 6
　 13 + 27 + 42　　　 39 + 5 + 25　　　 56 − 29 − 16　　　 82 − 54 + 8
　 61 + 6 + 14　　　 22 + 48 + 24　　　 75 − 33 − 5　　　 67 − 29 + 9

2 Rechne. Jede Ergebniszahl steht für einen Buchstaben.
Schreibe die Lösungswörter auf.

9	17	25	35	39	43	46	49	62	72	74	81	88	91	98
L	G	B	E	N	H	U	T	I	S	M	D	A	C	R

a) 48 + 26　　b) 81 − 38　　c) 69 − 34　　d) 18 + 25
　 53 + 35　　　 75 − 29　　　 70 − 45　　　 9 + 79
　 17 + 29　　　 90 − 51　　　 19 + 16　　　 91 − 19
　 36 + 36　　　 99 − 18　　　 59 + 39　　　 84 − 49

3 Rechne.

a) 6 · 8　　b) 4 · 8　　c) 36 : 9　　d) 25 : 5　　e) 22 : 4　　f) 2 · 2 · 4
　 7 · 4　　　 6 · 9　　　 42 : 7　　　 24 : 8　　　 46 : 5　　　 4 · 3 · 2
　 9 · 8　　　 7 · 7　　　 81 : 9　　　 45 : 9　　　 28 : 3　　　 8 · 0 · 9
　 8 · 7　　　 8 · 8　　　 35 : 7　　　 63 : 7　　　 49 : 6　　　 5 · 2 · 7

4 Rechne.

a) Verdopple jede Zahl.
b) Ergänze jede Zahl zum nächsten Zehner.
c) Subtrahiere jede Zahl von 100.
d) Teile jede Zahl durch 5.

5 Rechne geschickt.

a) 61 + 9 + 11　　b) 70 − 8 − 12　　c) 80 − 35 + 7　　d) 46 − 16 − 4 + 5
　 17 + 25 + 33　　　 52 − 27 − 5　　　 53 + 48 − 13　　　 27 + 28 − 15 + 2
　 34 + 46 + 20　　　 66 − 36 − 9　　　 79 + 24 − 25　　　 33 + 7 − 9 − 11

6 Setze <, > oder = ein.

a) 23 + 3 + 20 ◯ 50　　b) 68 − 4 − 10 ◯ 50　　c) 41 − 6 + 10 ◯ 50
　 36 + 3 + 10 ◯ 50　　　 58 − 5 − 10 ◯ 50　　　 84 + 5 − 40 ◯ 50
　 28 + 3 + 20 ◯ 50　　　 88 − 6 − 30 ◯ 50　　　 17 − 4 + 30 ◯ 50

Automatisierende und operative Übungen zum Rechnen im Zahlenraum bis 100.

Fit mit Leonardo

7 Rechne in deinem Heft.

a)  b)  c)

8 Setze diese Zahlen so in die unterste Steinreihe ein, dass du eine möglichst große Zahl im obersten Stein erhältst.

9 Verteile die Zahlen so, dass zwei fertige Zahlenpyramiden entstehen.

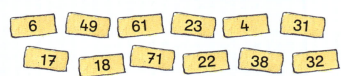  

10 Elena zählt 48 Spinnenbeine. Wie viele Spinnen sind es?

11 Sina hat 5 Tops und 3 Röcke eingepackt. Wie viele Kombinationsmöglichkeiten hat sie? Male.

12 Finde viele Möglichkeiten, mit diesen vier Ziffernkarten zweistellige Zahlen zu legen. Schreibe so: 35, 37, ...

13 Für welche Zahlen stehen die vier Symbole? Schreibe auf.

6 · ☁ = 22 − 4   56 : 8 = 15 − 🔔   🎯 · ⚽ = 29 + 6

8 · 🎯 = 36 + 4   36 : 6 = 13 − ⚽   🔔 · ☁ = 41 − 17

14 Rechne.

a) 100 + 100
   200 + 200
   500 + 500

b) 110 + 110
   330 + 330
   220 + 220

c) 98 + 2
   98 + 3
   98 + 4

d) 900 + 100
   990 + 10
   990 +   1

Automatisierende und operative Übungen zum Rechnen im Zahlenraum bis 100. Kombinationsmöglichkeiten bestimmen. Ausblick auf den Zahlenraum bis 1000 vornehmen.

Inhaltsübersicht

Thema	Lerninhalte	Übungen
Im neuen Schuljahr 4 – 11	Wiederholung: Addition und Subtraktion im Zahlenraum bis 20 Zehnerzahlen bis 100	Tabellen lesen und interpretieren; Strichlisten anfertigen; im Zahlenraum bis 20 addieren und subtrahieren, Rechnungen mit Plättchen, im Zwanzigerfeld und am Zahlenstrahl darstellen; Umkehr-, Tausch- und Analogieaufgaben; operative Zusammenhänge erkennen und nutzen; Zahlenfolgen; Rechentabellen; gerade und ungerade Zahlen; Sachaufgaben; Aufgaben zu geometrischen Mustern schreiben, Muster fortsetzen; Mengen auszählen, Anzahlen bis 100 schätzen; in Zehnerschritten bis 100 zählen.
Hundert und mehr Radrennfahrer 12 – 21	Erweiterung des Zahlenraums bis 100	Fehlende Radfahrer entdecken; Zahlen bis 100 ordnen und ihnen Positionen im Startfeld zuordnen; Mengen auszählen, Zahlen bis 100 lesen und verschieden darstellen: mit Ziffern, als Zahlwort, in der Stellentafel, mit Plättchen und Zehnerstreifen, im Hunderterfeld, am Zahlenband und am Zahlenstrahl; Zahlen zerlegen; Zahlenfolgen fortsetzen; Orientierung in der Hundertertafel; Zahlenrätsel; Ausschnitte aus der Hundertertafel vervollständigen; Sprünge auf der Hundertertafel durchführen; Nachbarzahlen und Nachbarzehner angeben; Zahlen ordnen und vergleichen.
Plus und Minus bis 100 22 – 31	Addition und Subtraktion im Zahlenraum bis 100: - von Zehnerzahlen - mit einstelligen Zahlen ohne und mit Zehnerübergang Umgang und Rechnen mit Geldbeträgen Kombinatorik Elementare Wahrscheinlichkeit	Spiele zur Addition und Subtraktion, Einerwürfel und Zehnerstangen bzw. Münzen zur Veranschaulichung einsetzen; zum Zehner ergänzen bzw. zum Zehner zurückrechnen; Additions- und Subtraktionsaufgaben an der Hundertertafel und am Zahlenstrahl verdeutlichen und rechnen; operative Zusammenhänge erkennen und nutzen; Rechentabellen; Terme auf Zehnerüberschreitung untersuchen; Rechenfächer; Umkehraufgaben; Aufgaben zu Ergebniszahlen finden; geschicktes Rechnen; Ungleichungen; mit Geldbeträgen rechnen; Sachaufgaben; Münzwerte kombinieren; Aussagen zu Wahrscheinlichkeiten treffen.
Sachrechnen mit Leonardo 32 – 33	Umgang mit Texten Elementare Wahrscheinlichkeit Sachaufgaben mit Geldbeträgen	Tabelle lesen und interpretieren; Aussagen zu Wahrscheinlichkeiten treffen; Sachaufgaben lösen: passende Informationen, Fragen, Hilfsskizzen, Rechnungen und Antworten finden; mit Geldbeträgen rechnen; lösbare Aufgaben zu einem Text finden und beantworten; Münzwerte kombinieren.
Formen und Figuren 34 – 39	Geometrische Formen: Kreis, Dreieck, Rechteck und Quadrat	Geometrische Formen in einem Kunstwerk erkennen und beschreiben; Traumhäuser und Figuren aus geometrischen Formen zeichnen, drucken, stempeln oder legen; geometrische Formen in der Umwelt und in Abbildungen erkennen und benennen; mit Schablone und Freihand zeichnen; Symbolfolgen fortsetzen; auf dem Geobrett Formen und Figuren spannen und auf ein Punktefeld übertragen; Kopfgeometrie; Formen in Figuren zählen; ebene Figuren mit Plättchen auslegen und nachlegen, Tabellen anlegen.
Fit mit Leonardo 40 – 41	Orientierung im Zahlenraum bis 100 Automatisierende und operative Übungen zur Addition und Subtraktion Elementare Wahrscheinlichkeit	Zahlen an der Hundertertafel ablesen; im Zahlenraum bis 100 addieren, subtrahieren und ergänzen, Zusammenhänge erkennen und nutzen; Rechentabellen; Rechenrätsel; Fehler finden; Ungleichungen; Terme auf Zehnerüberschreitung untersuchen; Aussagen zu Wahrscheinlichkeiten treffen.

Inhaltsübersicht

Thema	Lerninhalte	Übungen
Verpackungen 42 – 49	Einführung der Multiplikation - räumlich-simultaner Aspekt - zeitlich-sukzessiver Aspekt	Verpackungen als Malfelder interpretieren und sammeln; von der fortgesetzten Addition gleicher Summanden zur Multiplikation kommen; Multiplikationsaufgaben zu Verpackungen, Plättchendarstellungen und Malfeldern schreiben und rechnen; Malfelder legen und zeichnen; Sachaufgaben; zu Multiplikationsaufgaben passende Verpackungen und zu Ergebniszahlen passende Multiplikationsaufgaben finden; Tauschaufgaben; Multiplikationsaufgaben am teilweise abgedeckten Hunderterfeld zeigen und rechnen, Zusammenhänge nutzen; zu zeitlich-sukzessiven Vorgängen passende Multiplikationsaufgaben schreiben; Abbildungen passende Terme zuordnen.
Auf der Suche nach den 100 Malaufgaben 50 – 55	Entdecken von Strategien zum Auffinden und Lösen weiterer Malaufgaben	Malfelder ausschneiden und zeichnen; Multiplikationsterme und Malfelder einander zuordnen; Ordnungskriterien finden; Malfelder systematisch verändern: Verlängern und Verkürzen, Verdoppeln und Halbieren, Drehen, Quadratzahlaufgaben; operative Zusammenhänge erkennen und nutzen; Sachaufgaben; Folgen von Multiplikationsaufgaben weiterführen; zu Ergebniszahlen Multiplikationsaufgaben finden; Orientierungsaufgaben in der Einmaleinstafel; Einmaleinsreihen in der Hundertertafel färben.
Einmaleins der 10 und 5 56 – 57	Kernaufgaben Nachbaraufgaben Zusammenhänge	Kernaufgaben; Nachbaraufgaben von den Kernaufgaben ableiten; operative Zusammenhänge erkennen und nutzen; Multiplikationsaufgaben zu Abbildungen und zu vorgegebenen Ergebniszahlen schreiben; Platzhalteraufgaben; Ergebniszahlen in der Hundertertafel einkreisen, Muster untersuchen.
Das Jahr und der Kalender 58 – 65	Jahreskreis: Monate, Wochen, Tage Kalender und Datum Zeitpunkte und Zeitdauern Vorbereitung des Einmaleins der 7	Monate und Jahreszeiten einander zuordnen; Monatslängen angeben; Daten am Jahreskreis und am Kalender zeigen; Daten lesen, schreiben, ordnen und bestimmen; Umwandlungen zwischen Tagen und Wochen durchführen, das Einmaleins der 7 vorbereiten; Sachaufgaben; Zeitdauern und Zeitpunkte berechnen; Platzhalteraufgaben; Sprünge am Kalender durchführen; Haltbarkeitsdaten sammeln, ordnen und auswerten.
Einmaleins der 2 und 4 66 – 67	Kernaufgaben Nachbaraufgaben Zusammenhänge Sachaufgaben	Kernaufgaben; Nachbaraufgaben von den Kernaufgaben ableiten; operative Zusammenhänge erkennen und nutzen; Multiplikationsaufgaben zu Sachaufgaben und zu vorgegebenen Ergebniszahlen schreiben; Platzhalteraufgaben; Ergebniszahlen in der Hundertertafel einkreisen, Muster untersuchen.
Grußkarten 68 – 75	Spiegelsymmetrie Bandornamente Parkettierungen	Grußkarten untersuchen und basteln; Spiegelschrift lesen und schreiben; mit dem Spiegel Versuche durchführen; Symmetrieachsen finden; Buchstaben, Zeichen und Alltagsgegenstände auf Symmetrie untersuchen; Spiegelbilder malen und legen; am Geobrett spannen, spiegelbildlich ergänzen; Grundmuster von Bandornamenten und Parkettierungen erkennen; Bandornamente und Parkettierungen legen, zeichnen und weiterführen; Fehler finden; nach Faltanleitung falten und schneiden bzw. falten und lochen, Ergebnisse untersuchen.

Inhaltsübersicht

Thema	Lerninhalte	Übungen
Einmaleins der 3 und 6 76 – 77	Kernaufgaben Nachbaraufgaben Zusammenhänge Sachaufgaben	Kernaufgaben; Nachbaraufgaben von den Kernaufgaben ableiten; operative Zusammenhänge erkennen und nutzen; Multiplikationsaufgaben zu Abbildungen, Sachaufgaben und zu vorgegebenen Ergebniszahlen schreiben; Platzhalteraufgaben; Einmaleinsreihen am Zahlenstrahl darstellen.
Weiter mit Plus und Minus 78 – 85	Addition und Subtraktion im Zahlenraum bis 100 von zweistelligen Zahlen ohne und mit Zehnerübergang Halbschriftliche Verfahren	Additions- und Subtraktionsaufgaben mit Zehnerüberschreitung mit Material darstellen: mit Einerwürfeln und Zehnerstangen, mit Münzen, mit Plättchen und Zehnerstreifen und am Zahlenstrahl, passend wechseln; Additions- und Subtraktionsaufgaben ohne und mit Zehnerüberschreitung halbschriftlich rechnen; Rechenwege besprechen; mehrere Summanden addieren; Ungleichungen; Zahlenrätsel; operative Zusammenhänge erkennen und nutzen; Rechenfächer; Zahlenpyramiden; zu vorgegebenen Ergebniszahlen Additions- und Subtraktionsaufgaben finden; Platzhalteraufgaben; Spiele im Zahlenraum bis 101; aus vier Ziffern Additions- und Subtraktionsaufgaben mit zweistelligen Zahlen bilden; operative Übungen an der Hundertertafel.
Einmaleins der 8 und der 2, 4 und 8 86 – 87	Kernaufgaben Nachbaraufgaben Zusammenhänge Sachaufgaben	Kernaufgaben; Nachbaraufgaben von den Kernaufgaben ableiten; operative Zusammenhänge erkennen und nutzen; Multiplikationsaufgaben zu Sachaufgaben und zu vorgegebenen Ergebniszahlen schreiben; Platzhalteraufgaben; Einmaleinsreihen am Zahlenstrahl darstellen; Rechentabellen; Ergebniszahlen in der Hundertertafel einkreisen, Muster untersuchen.
Der menschliche Körper 88 – 95	Umgang mit Längen: - Körpermaße - Meter und Zentimeter Rechnen mit Längen	Mit Körpermaßen (Körperhöhe, Armspanne, Elle, Fuß, Handspanne, Handbreite) messen, dazu Maßbänder erstellen; Längen vergleichen; Längen schätzen; mit einem Lineal oder Maßband messen; Strecken mit Lineal zeichnen; Strecken der Länge nach ordnen; Repräsentanten für 1 cm, 1 dm und 1 m finden; mit Längen rechnen; Sachaufgaben; Umwandlungen zwischen Meter und Zentimeter durchführen; Verteilung der Körper- und Kleidergrößen in der Klasse auswerten; Tabelle lesen.
Einmaleins der 7 und 9 96 – 97	Kernaufgaben Nachbaraufgaben Zusammenhänge Sachaufgaben	Kernaufgaben; Nachbaraufgaben von den Kernaufgaben ableiten; operative Zusammenhänge erkennen und nutzen; Multiplikationsaufgaben zu Sachaufgaben und zu vorgegebenen Ergebniszahlen schreiben; Platzhalteraufgaben; Einmaleinsreihen am Zahlenstrahl darstellen; Rechentabellen; Ergebniszahlen in der Hundertertafel einkreisen, Muster untersuchen.
Ferien auf dem Bauernhof 98 – 105	Division ohne und mit Rest Aufteilen und Verteilen Teilbarkeitsregeln	Divisionsaufgaben in Abbildungen erkennen; über Auf- und Verteilen und gerechtes Teilen sprechen; Mengen auf- und verteilen; Skizzen anfertigen; Gruppen bilden; ohne und mit Rest dividieren; Umkehraufgabe als Probe rechnen; Reste untersuchen; Sachaufgaben lösen, passende Fragen, Rechnungen und Antworten formulieren; Platzhalteraufgaben; Teilbarkeitsregeln finden.

Inhaltsübersicht

Thema	Lerninhalte	Übungen
Alles kostet Geld 106 – 113	Umgang und Rechnen mit Geldbeträgen bis 100 € Proportionale Zusammenhänge Kombinatorik	Preise lesen und vergleichen; Einkaufssituationen nachspielen; Wertigkeit von Münzen und Scheinen besprechen; 1 € mit verschiedenen Münzen legen, Gleichwertigkeit erkennen; Münzen und Scheine nach dem Wert ordnen; Geldbeträge bestimmen, legen und ordnen; verschiedene Schreibweisen vergleichen; Informationen aus Preislisten entnehmen und damit rechnen; Sachaufgaben; mit Geldbeträgen rechnen; Rechentabellen; Platzhalteraufgaben; kombinatorische Übungen mit Münzen und Scheinen; Preislisten lesen und erstellen; proportionalen Zusammenhang erkennen und nutzen; Fehler finden; gleiche Geldbeträge finden; Texte und Rechnungen einander zuordnen; Geldbeträge vergleichen.
Fit mit Leonardo 114 – 115	Automatisierende und operative Übungen zur Multiplikation und Division Vertiefung der vier Rechenarten Kombinatorik	Multiplikations-, Divisions- und Platzhalteraufgaben rechnen; zu Ergebniszahlen Aufgaben schreiben; Zusammenhänge erkennen und nutzen; Zahlenrätsel; Rechentabellen; Sachaufgaben; Kleidungsstücke kombinieren; Rechenzeichen einsetzen; Additions- und Subtraktionsaufgaben rechnen.
Bauen und Denken 116 – 121	Geometrische Körper: Würfel, Quader, Kugel Ecken, Kanten und Flächen Würfelbauwerke, Baupläne	Gebäude beschreiben, Körper benennen, Anzahl der Körper bestimmen; nach Beschreibung bauen; Körper in der Umwelt erkennen, benennen, aus Knetmasse formen; einem Quadernetz die passende Schachtel zuordnen; Ecken, Kanten und Flächen beim Quader und Würfel benennen, Anzahl bestimmen; Flächen Körpern zuordnen; Rätsel zu Körpereigenschaften; einen Würfel aus einem Netz falten; mit Würfeln Quader und Würfel bauen; nach Bauplänen bauen; Baupläne schreiben; Anzahl benötigter bzw. fehlender Würfel bestimmen.
Umgang mit Zeit 122 – 129	Zeitpunkte auf die Minute genau Umgang und Rechnen mit Zeitdauern	Wasserflaschenuhr bauen, proportionalen Zusammenhang erkennen und nutzen; Zeitpunkte auf Analoguhren und Digitaluhren auf die Minute genau ablesen; zu Analoguhren zwei Uhrzeiten aufschreiben; Fragen und Antworten passend zuordnen; eine Digitaluhr bauen; Zeitdauern schätzen, vergleichen, messen, ordnen und berechnen; Tabellen anlegen; mit Zeitdauern rechnen; Zeitfolgen fortsetzen; Sachaufgaben lösen, Pfeilbilder verwenden.
Sachrechnen mit Leonardo 130 – 131	Sachaufgaben zur Multiplikation und Division Sachaufgaben zu Zeitpunkten und Zeitdauern	Sachaufgaben zur Multiplikation und Division: passende Texte, Fragen, Rechnungen, Skizzen und Antworten finden; passende Uhrzeiten bestimmen, Lückentext ausfüllen; Fragen und Antworten zuordnen.
Im Zoo 132 – 137	Lagebeziehungen Planquadrate Wege	Lagebeziehungen (rechts, links, vor, hinter, gegenüber) aus verschiedenen Perspektiven angeben; Positionen mit Hilfe von Planquadraten angeben; Wege beschreiben, malen und nachgehen; Sachaufgaben; Fehler finden; Tabellen ausfüllen; Wegerätsel; Rechenrätsel.
Fit mit Leonardo 138 – 139	Automatisierende und operative Übungen zu allen vier Rechenarten im Zahlenraum bis 100 Kombinatorik	Mehrere Zahlen addieren und subtrahieren; Rechenrätsel; im Zahlenraum bis 100 multiplizieren und dividieren; operative Übungen; Ungleichungen; Zahlenpyramiden; einfache Kombinatorik; einfache Additionsaufgaben im Zahlenraum bis 1000.

Impressum

Leonardo
Mathematik 2. Schuljahr

Zu Leonardo Mathematik 2 gehören:		Zu Leonardo Mathematik 1 gehören:	
Arbeitsheft 2	978-3-425-**13412**-3	Schülerband 1	978-3-425-**13401**-7
Arbeitsheft 2 mit CD-ROM	978-3-425-**13422**-2	Arbeitsheft 1	978-3-425-**13411**-6
Förderheft 2	978-3-425-**13442**-0	Arbeitsheft 1 mit CD-ROM	978-3-425-**13421**-5
Forscherheft 1/2	978-3-425-**13432**-1	Förderheft 1	978-3-425-**13441**-3
Holzmaterialien 2.-4. Schuljahr	978-3-425-**02286**-4	Forscherheft 1/2	978-3-425-**13432**-1
Ersatzsortiment Beilagen 2. Schuljahr	978-3-425-**02300**-7	Holzwürfel mit Zwanziger-Tableau	978-3-425-**11047**-9
Rechengeld Euro (Klassensatz)	978-3-14-**121621**-9	Rechengeld Euro (Klassensatz)	978-3-14-**121621**-9
Lernzielkontrollen 1/2	978-3-425-**13434**-5	Lernzielkontrollen 1/2	978-3-425-**13434**-5
Kommentare und Kopiervorlagen 2	978-3-425-**13492**-5	Kommentare und Kopiervorlagen 1	978-3-425-**13491**-8

Herausgegeben von
Doris Mosel-Göbel und Martin Stein

Erarbeitet von
Heidrun Grottke, Gabriele Hinze, Brigitte Hölzel,
Anette König, Gisela Schobbe und Eveline Stadler

Unter Beratung von
Elke Simon

Illustrationen von
Volker Fredrich, Hamburg

Fotos von
Bert Butzke, Mühlheim: S. 36 (Toastbrot, Schokolade, Dachgiebel, Tür, Uhr), S. 118 (Stein, Globus, Dominostein, Tennisball, Zettelblock, Buch), S. 123 (Schulkreide, Weihnachtskugel, Butter, Zauberwürfel, Tennisball); Fotostudio Druwe & Polastri, Weddel: S. 36 (Pizza, Legostein), S. 70 (Spiegelbild, Schere, Brille, Ampel), S. 71, S. 118 (Zuckerwürfel, runder Würfel, Spielwürfel,), S. 121 (Spielwürfel, Zahnpastaverpackung); Paul Klee, Villa R, 1919, 153, Öl auf Karton; 26,5 x 22 cm, Öffentliche Kunstsammlung Basel, Martin Bühler, © VG Bild-Kunst, Bonn 2000: S. 34; Klaus G. Kohn, Braunschweig: S. 36 (Flachbildschirm); Wildlife, Hamburg: S. 70 (Kleeblatt)

Auf der Grundlage von Leonardo Mathematik, 2001
Herausgegeben von Doris Mosel-Göbel und Martin Stein
Erarbeitet von Caroline Armbruster, Claudia Brall, Heidrun Grottke, Barbara Hägele-Gulde,
Gabriele Hinze, Brigitte Hölzel, Ursula Keunecke, Anette König-Wienand, Klaus Rödler und Gisela Schobbe

© 2009 Bildungshaus Schulbuchverlage
Westermann Schroedel Diesterweg
Schöningh Winklers GmbH, Braunschweig
www.diesterweg.de

Das Werk und seine Teile sind urheberrechtlich geschützt. Jede Nutzung in anderen als den gesetzlich zugelassenen Fällen bedarf der vorherigen schriftlichen Einwilligung des Verlages. Hinweis zu § 52 a UrhG: Weder das Werk noch seine Teile dürfen ohne eine solche Einwilligung gescannt und in ein Netzwerk eingestellt werden. Dies gilt auch für Intranets von Schulen und sonstigen Bildungseinrichtungen.
Auf verschiedenen Seiten dieses Buches befinden sich Verweise (Links) auf Internet-Adressen. Haftungshinweis: Trotz sorgfältiger inhaltlicher Kontrolle wird die Haftung für die Inhalte der externen Seiten ausgeschlossen. Für den Inhalt dieser externen Seiten sind ausschließlich deren Betreiber verantwortlich. Sollten Sie bei dem angegebenen Inhalt des Anbieters dieser Seite auf kostenpflichtige, illegale oder anstößige Inhalte treffen, so bedauern wir dies ausdrücklich und bitten Sie, uns umgehend per E-Mail davon in Kenntnis zu setzen, damit beim Nachdruck der Verweis gelöscht wird.

Druck A[1] / Jahr 2009
Alle Drucke der Serie A sind im Unterricht parallel verwendbar.

Redaktion: Angelika Quast
Herstellung: Sonja Burk, Frankfurt
Layout: Visuelle Lebensfreude, Hannover
Umschlaggestaltung: Volker Fredrich (Illustration) und Visuelle Lebensfreude
Satz und Repro: Petra Obermeier, München
Druck und Bindung: westermann Druck GmbH, Braunschweig

ISBN 978-3-425-**13402**-4